KU-498-785

dudley

diolchiadau

Hoffwn ddiolch i Alison John am gadw trefn arna i ac ar y ryseitiau i gyd. Hefyd i Aled Llŷr am ysbrydoliaeth, cefnogaeth a chyfeillgarwch heb ei ail. Diolch hefyd i'r bois sydd wedi bod gyda fi ers y cychwyn – Garry Wakeham a Peter Moscrop – ac ambell waith Peter Dunbar Collis, heblaw pan mae e'n siopa! Diolch i Chris Winter am gerddoriaeth wych ac i John 'Chwc' Gillanders am ei olygu a'i ymroddiad ffantastig. Heb yr ymroddiad a'r gefnogaeth yma i'r gyfres, dwi ddim yn credu y byddai'r llyfr hwn yn y siopau heddiw.
Diolch i chi i gyd.

dudley

y Lolfa

S4C

Rhoddwyd cymorth tuag at y ffotograffiaeth gan:

Cymru: y Gwir Flas

Bwyd Da, Gwir Flas, Pleser Pur

'Cymru: y Gwir Flas' yw'r brand ar gyfer y diwydiant bwyd a diod yng Nghymru. Mae'n addewid bod bwyd a diod Cymru yn bur, yn naturiol ac yn flasus; wedi'u cynhyrchu'n gydwybodol ac yn ofalus.

Rheolir Cymru: y Gwir Flas gan Awdurdod Datblygu Cymru. Os hoffech ragor o wybodaeth ewch i www.cymruygwirflas.com **neu ffoniwch 08457 775566**

Cyhoeddwyd gyda chydweithrediad S4C. Cyhoeddir y cyfresi *Dudley* gan Deledu Opus i S4C

Argraffiad cyntaf: 2003

℗ Hawlfraint: Dudley Newbery a'r Lolfa Cyf., 2003

Dylunio: Ceri Jones
Ffotograffau Bwyd: Simon Regan
Cynllunydd Bwyd: Beverly Reed
Ffotograffau Dudley: Huw John

Mae hawlfraint ar gynnwys y llyfr hwn ac mae'n anghyfreithlon llungopïo neu atgynhyrchu unrhyw ran ohono trwy unrhyw ddull ac ar unrhyw bwrpas (ar wahân i adolygu) heb ganiatâd ysgrifenedig y cyhoeddwr o flaen llaw. Anfoner unrhyw ymholiadau at y cyhoeddwyr i'r cyfeiriad isod.

Rhif Llyfr Rhyngwladol: 0 86243 678 8

Argraffwyd a chyhoeddwyd yng Nghymru gan:
Y Lolfa Cyf., Talybont, Ceredigion SY24 5AP
e-bost ylolfa@ylolfa.com
www.ylolfa.com
ffôn +44 (0)1970 832 304
ffacs 832 782
isdn 832 813

Cynnwys

Cawl

Pysgod

Sawsiau, Stwffin a Relish

Cig

Cyw Iâr

Pasta a Reis

rhagair

Pan ddechreuais i ar y gyfres gyntaf o *Dudley* ddeng mlynedd yn ôl, roedd pethau'n dra gwahanol o ran cael gafael ar gynhwysion i goginio â nhw. Roedd yn rhaid gwneud yn siŵr fod llawer o gynhwysion y ryseitiau wedi eu prynu yng Nghaerdydd cyn teithio gyda'r gyfres, gan nad oedd hi'n bosib prynu rhai ohonynt y tu allan i'r brifddinas, ac roedd yn rhaid addasu ryseitiau i sicrhau eu bod o fewn cyrraedd pawb.

Cadw pethau'n syml oedd y neges, a dyna a wnaethpwyd yn fy llyfr cyntaf, a gyhoeddwyd yn 1996. Erbyn hyn mae llyfrau a rhaglenni bwyd yn ffasiynol iawn ond, i mi, yr hyn sy'n bwysig yw bod llyfr nid yn unig yn edrych yn dda, ond ei fod hefyd yn rhwydd i'w ddarllen. Felly mae'r ryseitiau sydd yn y llyfr hwn yn defnyddio cynhwysion sydd ar gael yn mhobman, bron, erbyn hyn – a rhaid cofio fod prynu bwydydd ffres, lleol, yn eu tymor yn sail da i unrhyw bryd bwyd.

Yr unig beth sydd ar ôl i chi ei wneud nawr, felly, yw mentro a mwynhau!

Dudley

cawl

cawl yr alban

Digon i 6 pherson

700g/1½ pwys o gig eidion wedi'i dorri'n giwbiau

2.25 litr/4 peint o ddŵr

200g/7 owns o foron wedi'u torri'n fân

200g/7 owns o feipen/swêj wedi'i thorri'n fân

150g/5 owns o bys *marrowfat* sych wedi'u socian dros nos, eu hidlo
  a'u golchi

75g/3 owns o farlys perl *(pearl barley)* wedi'i socian dros nos a'i hidlo

25g/1 owns o bersli, yn cynnwys y bonyn

1 llwy fwrdd o olew olewydd

1 winwnsyn wedi'i dorri'n fân

halen Môn a phupur du

Dull

Ffrio'r cig yn yr olew nes ei fod yn frown.

Ychwanegu'r winwns a'r halen a phupur.

Wrth i'r cig goginio, mudferwi'r dŵr mewn sosban fawr. Ychwanegu hanner y persli, y moron, y pys, y barlys, y maip ac yna'r cig wedi'i frownio, a'u coginio am awr ar wres isel.

Dod â'r cyfan i'r berw a'i fudferwi am awr dda, neu tan bod y cig yn dyner.

Ychwanegu gweddill y persli, a halen a phupur i godi blas.

cawl pys a mintys

Digon i 4 person

900g/2 bwys o bys ffres

1.1 litr/2 beint o stoc llysiau neu stoc cyw iâr

225ml/8 owns hylifol o hufen sengl

1 bwnsied o fintys ffres wedi'i dorri

1 winwnsyn wedi'i dorri'n fân

2 lwy fwrdd o olew olewydd

1 llwy de o sudd lemwn (yn ôl eich dewis)

halen Môn a phupur du

Dull

Cynhesu'r olew mewn padell digon o faint. Ychwanegu'r winwnsyn a'i feddalu o dan gaead er mwyn ei chwysu heb roi lliw.

Ychwanegu'r stoc a dod â'r cyfan i'r berw cyn ychwanegu'r pys a'r halen a phupur. Berwi am 2–3 munud.

Ychwanegu'r mintys, yr hufen a phrofi am sesnad (seasoning) eto, ac ychwanegu'r sudd lemwn os yn ei ddefnyddio.

Gadael i'r gymysgedd oeri cyn ei chwyrlïo nes ei fod yn llyfn.

Gallwch fwyta'r cawl yn boeth neu'n oer gyda diferyn o hufen neu crème fraîche.

cawl thai cyw iâr a nŵdls

Digon i 2 berson
2 frest cyw iâr wedi'u torri'n stribedi
570ml/1 peint o stoc cyw iâr
3–4 madarchen wedi'u torri'n chwarteri
3 chlof o arlleg wedi'u sleisio
2 chilli bach coch
2 lwy fwrdd o olew sesame
1 llwy fwrdd o saws pysgod Thai (nam pla)
1 darn 2.5cm/1" o sinsir ffres wedi'i sleisio'n denau
sudd 1 leim
nŵdls ffres neu baced o nŵdls reis sych
dail Tseineaidd heb eu coginio

I weini
2 shibwnsen (spring onion) wedi'u torri'n fân
dyrnaid o goriander ffres wedi'i dorri'n fân
dyrnaid o beansprouts heb eu coginio
diferyn o saws chilli a garlleg twym

Dull
Mewn sosban fawr neu wok, cynhesu'r olew a ffrio'r cyw iâr.
Ychwanegu'r sinsir, y garlleg a'r madarch a'u coginio'n ysgafn.

Ychwanegu'r dŵr berw, y stoc, y chillis, y sudd leim a'r nam pla.
Cymysgu'r cyfan yn dda cyn rhoi'r nŵdls i mewn.

Mudferwi am 4 munud nes bydd y nŵdls wedi coginio.

Gosod y dail Tseineaidd yng ngwaelod dysgl weini ac arllwys y
cawl twym drostynt.

I weini – addurno gyda'r shibwns, y coriander a'r beansprouts a
diferyn o saws chilli a garlleg.

cawl tatws a chennin syfi (chives)

Digon i 4–6 pherson
450g/1 pwys o datws wedi'u sleisio'n denau
1.1 litr/2 beint o stoc llysiau
150ml/2 owns hylifol o hufen sengl
25g/1 owns o fenyn
1 winwnsyn wedi'i sleisio
1 genhinen, y darn gwyn yn unig, wedi'i sleisio
dyrnaid o bersli ffres wedi'i dorri'n fân
dyrnaid o gennin syfi ffres wedi'u torri'n fân
halen Môn a phupur du

I weini
pecyn o greision da
caws wedi'i ratio

Dull
Mewn padell ffrio neu sosban ddofn, toddi'r menyn a ffrio'r winwns a'r cennin o dan gaead er mwyn eu chwysu heb roi lliw.

Ychwanegu'r stoc a'r tatws, a phupur a halen, a'u berwi nes bod y tatws wedi coginio.

Gadael i'r gymysgedd oeri.

Hylifo'r gymysgedd mewn prosesydd bwyd gan ychwanegu'r persli a'r cennin syfi.

Aildwymo'r cawl yn y sosban ac ychwanegu'r hufen.

I weini – mewn powlen gyda'r creision wedi'u malu'n fân a dyrnaid o gaws ar ben y cawl.

cawl madarch

Digon i 4 person

450g/1 pwys o fadarch wedi'u sleisio

1.1 litr/2 beint o stoc llysiau

55ml/2 owns hylifol o hufen sengl

50g/2 owns o fenyn

2 winwnsyn wedi'u torri'n fân

2 glof o arlleg wedi'u malu

1 sprigyn o daragon

1 gwydraid o win gwyn

Dull

Toddi'r menyn mewn padell ffrio. Ychwanegu'r winwnsyn a'r garlleg a'u coginio am ychydıg.

Ychwanegu'r madarch a'u ffrio am ychydig (rhowch gaead ar y badell ffrio er mwyn cyflymu'r broses goginio ac i gadw'r madarch yn wyn).

Ychwanegu'r gwin a'i leihau cyn ychwanegu'r stoc a'i fudferwi am 15 munud.

Ychwanegu'r taragon a'r hufen a'i adael i ffrwtian am ddwy funud.

Gadael iddo oeri am ychydig cyn ei hylifo i greu cawl llyfn.

cawl pwmpen

Digon i 6 pherson

900g/2 bwys o bwmpen, heb y croen a'r hadau ac wedi'i dorri'n ddarnau bras

2.25 litr/4 peint o stoc twym cyw iâr neu stoc llysiau

50g/2 owns o fenyn

2 daten wedi'u torri'n fras

1 winwnsyn wedi'i sleisio

1 foronen wedi'i thorri'n fras

1 darn 2.5cm/1" o sinsir ffres wedi'i dorri'n fân

1 llwy fwrdd o olew olewydd

halen Môn a phupur du

I weini

dyrnaid o goriander

crème fraîche

Dull

Toddi'r menyn a'r olew mewn padell ffrio ddofn.

Ffrio'r winwns, y moron a'r tatws. Ychwanegu'r sinsir, rhoi caead ar y badell a gadael i'r llysiau feddalu.

Ychwanegu'r pwmpen; ffrio am ychydig yna ychwanegu'r stoc a'r halen a phupur i flasu.

Dod â'r cyfan i'r berw a gadael iddo ffrwtian nes bydd y llysiau wedi coginio.

Gadael i'r cawl oeri cyn ei hylifo nes ei fod yn llyfn.

I weini – rhoi'r cawl yn dwym mewn pwmpen lân a'i addurno â'r coriander a'r crème fraîche.

pysgod

ffiled o halibwt
a saws eog wedi'i fygu

Digon i 2 berson

2 ddarn o halibwt

275ml/½ peint o stoc pysgod

150ml/¼ pcint o hufcn dwbl

100ml/3½ owns hylifol o win o Alsace

75g/3 owns o eog wedi'i fygu wedi'i dorri'n stribedi

1 fresychen Savoy wedi'i thorri'n stribedi mân

1 llwy fwrdd o fenyn

halen Môn a phupur du

Dull

Plygu darn o bysgodyn yn ei hanner a'i stemio mewn stemiwr am 5 munud.

Mewn padell ffrio, berwi'r gwin gwyn a'i leihau.

Ychwanegu'r stoc, ei dwymo a'i leihau ychydig cyn ychwanegu hufen. Yna cynhesu'r stribedi o eog yn y saws am funud cyn eu gweini.

Mewn padell ffrio arall, toddi talp o fenyn a ffrio bresychen yn ysgafn gan ei chadw'n grimp.

I weini – gosod yr halibwt ar wely o fresych ac arllwys y saws drosto.

eog wedi'i rostio
ar wely o salad twym

Digon i 4 person

200g/7 owns o eog Glangwili wedi'i fygu

200g/7 owns o datws newydd wedi'u coginio a'u haneru

4 llwy fwrdd o olew cnau Ffrengig (walnut)

2 lwy fwrdd o finegr mafon

1 winwnsyn coch wedi'i sleisio

1 pupur coch wedi'i rostio a'r croen wedi'i dynnu i ffwrdd

110g/4 owns o domatos bach wedi'u torri yn eu hanner

1 pecyn o salad cymysg

1 pecyn o rocket

1 dyrnaid o fasil wedi'i dorri'n fân

1 lemwn

halen Môn a phupur du

Dull

Tynnu croen yr eog a thorri'r pysgodyn yn ddarnau mân, yna'i osod i'r naill ochr.

Ffrio'r winwns am funud.

Torri'r pupur yn stribedi ac ychwanegu at y winwns.

Ychwanegu'r tomatos a'r finegr mafon a chynhesu'r cynhwysion.

Rhoi'r rocket, y salad a'r basil mewn powlen gymysgu fawr ac ychwanegu'r cynhwysion twym atynt a'u cymysgu.

Ychwanegu'r eog a'r halen a phupur a'i gymysgu'n dda cyn ei weini.

I weini – gyda darn o lemwn ffres.

parseli cranc, chilli a choriander

Digon i 6–8 person

1 cranc corryn wedi'i goginio, y cig brown a'r cig gwyn

2–3 clof o arlleg wedi'u torri'n fân

25g/1 owns o fenyn wedi toddi

1 chilli coch wedi'i dorri'n fân

1 bwnsied o goriander wedi'i dorri'n fân

1 bwnsied o bersli ffres wedi'i dorri'n fân

1 llwy de o gwmin

1 pecyn o does ffilo

sudd 1 lemwn

olew llysiau i ffrio'r parseli

halen Môn a phupur du

Dull

Mewn powlen, cymysgu'r cranc, y chilli, y sudd lemwn, y garlleg, y cwmin, y persli a'r coriander gyda'i gilydd. Yna'i gymysgu'n dda cyn ychwanegu halen a phupur.

Gosod i'r naill ochr tra'n paratoi'r ffilo.

Taenu menyn wedi'i doddi dros 2 haenen o ffilo (mae angen gweithio'n gyflym gyda'r toes). Bydd angen 2–3 haenen o'r toes ar gyfer pob parsel.

Gosod llond llwy bwdin o'r gymysgedd cranc yng nghanol darn o ffilo a phlygu'r corneli i mewn i greu parsel taclus.

Lapio pob parsel mewn darn arall o'r ffilo cyn eu coginio mewn ffrïwr-dwfn nes eu bod yn frown (tua 4–6 munud).

I weini – gyda lemwn ffres.

cimwch enlli

Digon i 2 berson
450–680g/1–1½ pwys o gimwch Enlli
sudd hanner lemwn
olew olewydd
persli ffres
halen Môn a phupur du

I weini
salad
lemwn
persli
ychydig o olew olewydd

Dull
Mewn sosban fawr o ddŵr, berwi'r cimwch am 15–20 munud a gadael iddo oeri mewn dŵr oer.

Torri'r cimwch yn ei hanner a rhyddhau'r cig o'r gynffon.

Tynnu'r cig gwyn o'r crafangau a'i osod yn ôl yn y gragen.

Gosod y cimwch mewn padell ffrio neu ar dun pobi ac ychwanegu halen, pupur a sudd y lemwn.

Coginio'r cimwch o dan gril poeth am 5–10 munud nes ei fod wedi twymo drwyddo.

I weini – gosod hanner cimwch ar blât gyda salad o'ch dewis a darn o lemwn ffres.

esgyll cath fôr a saws morocco

Digon i 4 person

Y pysgod
4 asgell cath fôr (tua 250g/9 owns yr un)
4 llwy fwrdd o olew olewydd

Y saws
6 llwy fwrdd o finegr sieri
5 clof o arlleg wedi'u sleisio'n stribedi tenau
1 llwy fwrdd o olew olewydd
1 llwy de o paprika
1 lemwn wedi'i chwarteru

I weini
hanner llwy de o paprika
halen Môn a phupur du

Dull
Rhoi halen a phupur dros y pysgodyn.

Twymo'r olew mewn tun pobi ar y stôf a selio'r pysgodyn ar
y ddwy ochr.

Pobi'r pysgod yn y ffwrn ar wres uchel (220°C/Nwy 7) am 10–12 munud.

Y saws – mewn padell, ffrio'r garlleg mewn diferyn o olew. Ychwanegu'r
paprika, finegr sieri, pupur a halen. Gadael iddo leihau.

I weini – arllwys y saws twym dros y pysgodyn gyda phinsied ysgafn o
paprika a darn o lemwn.

cregyn gleision mewn saws thai

Digon i 4 person
2 kg/4½ pwys o gregyn gleision wedi'u glanhau
200ml/7 owns hylifol o stoc pysgod neu stoc cyw iâr
2 ddeilen leim
1–2 lwy de o nam pla (saws pysgod Thai) neu saws soya
1 llwy ffwrdd o olew sesame
1 darn 5cm/2" o lemon grass wedi'i dorri'n fân
1 darn 2.5cm/1" o sinsir wedi'i blicio a'i dorri'n fân
1 chilli coch wedi'i sleisio
1 chilli gwyrdd wedi'i sleisio
hanner winwnsyn wedi'i dorri'n fân
hanner tun o laeth cnau coco
croen a sudd 1 leim
dyrnaid o ddail coriander wedi'u torri'n fân

Dull
Mewn sosban fawr, cynhesu'r olew a choginio'r sinsir, y lemon grass,
yr winwns, y chilli a'r dail leim am ryw 2 funud.

Arllwys y llaeth cnau coco dros ben y cyfan a'i fudferwi am ychydig cyn
ychwanegu'r stoc, y nam pla, sudd y leim a'r coriander.

Ychwanegu'r cregyn gleision at y cynhwysion yn y sosban. Rhoi caead ar
y sosban a choginio'r cyfan nes i'r cregyn gleision agor, sef tua 2 funud.

I weini – yn dwym gyda dyrnaid o goriander ffres.

eog gwyllt a chig moch

Digon i 2 berson
2 ddarn o eog heb y croen
2 sleisen o gig moch 'dry cured'
4 sbrigyn o deim ffres
olew olewydd

Y saws
200g/7 owns o fenyn oer wedi'i dorri'n ddarnau mân
125ml/¼ peint o win gwyn
125ml/¼ peint o hufen sengl
winwnsyn wedi'i dorri'n fân
1 llwy de o sudd lemwn
croen 1 lemwn
dyrnaid o bersli wedi'i dorri'n fân
halen Môn a phupur du

Dull
Ar blât, rhoi dau ddarn o gig moch ochr yn ochr. Gosod darn o eog ar ben y cig moch. Rhoi ychydig o halen a phupur a sbrigyn o deim ar yr eog a lapio'r darnau pysgod yn y cig moch.

Brwsio ychydig o olew dros y cig moch.

Coginio o dan gril twym neu ar y barbeciw am ryw 8–10 munud.

Tynnu'r pysgod allan a'u gosod ar blât am ychydig.

Y saws – tra bod yr eog yn coginio, cynhesu'r gwin a'r winwns mewn sosban fach a'i leihau ychydig.

Yna ychwanegu'r hufen, a mudferwi.

Ychwanegu'r menyn OER at y saws fesul talpyn gan guro'r gymysgedd yn gyson gyda chwisg.

Rhoi sudd a chroen y lemwn, halen a phupur i mewn i'r saws a'u curo. Cyn gweini, ychwanegu persli at y saws.

I weini – gyda saws wedi'i arllwys drosto.

parseli eog ac oren

Digon i 2 berson
2 ddarn o eog
8 sleisen o oren
bwnsied o daragon ffres
jòch o win gwyn
halen Môn a phupur du

Dull
Gosod 2 ddarn o ffoil ar ben ei gilydd (i bob parsel).

Rhoi dau ddarn o oren ac ychydig o ddail y taragon ar y ffoil.

Gosod y pysgod ar ei ben.

Ychwanegu ychydig o halen a phupur at y pysgod cyn eu gorchuddio gyda mwy o daragon, dwy sleisen arall o oren a jòch o win.

Cau'r parsel yn dynn a'i goginio yn y ffwrn am 10–15 munud ar 160°C/Nwy 3.

I weini – yn dwym neu'n oer.

brithyll gwyllt a salsa

Digon i 1 person
1 brithyll brown ffres
olew olewydd

Y saws
4 llwy fwrdd o olew olewydd
2 glof o arlleg (yn gyfan)
darn o groen lemwn
dyrnaid o ddail basil ffres
halen Môn a phupur

Y salsa
4 tomato (heb fod yn rhy feddal) wedi'u torri'n ddarnau bras
hanner winwnsyn coch wedi'i sleisio'n denau
dyrnaid o olifau gwyrdd wedi'u sleisio
dyrnaid o bersli ffres wedi'i dorri'n fân
sudd lemwn

Dull
Gorchuddio'r brithyll â halen a phupur ac ychydig o olew. Ei osod ar farbeciw neu o dan gril cynnes a'i goginio am 8–10 munud.

Y saws – i wneud y saws, cynhesu'r olew mewn padell ac ychwanegu croen y lemwn, y garlleg a'r basil a'i gynhesu trwyddo.

Y salsa – rhoi cynhwysion y salsa mewn powlen a'u cymysgu'n dda.

Arllwys y saws twym dros y cyfan yna pinsied da o halen Môn a phupur cyn ei weini.

I weini – gyda'r brithyll.

sawsiau, stwffin a relish

stwffin mango

2 fango ffres wedi'u torri'n giwbiau
2 winwnsyn wedi'u torri'n fân
2–3 clof o arlleg wedi'u torri'n fân
25g/1 owns o fenyn i ffrio
1 llwy fwrdd o gwrens
1 llwy fwrdd o syltanas
1 llwy fwrdd o resins
hanner torth fach wedi'i briwsioni neu
    torth fach heb grwst
dyrnaid o fintys ffres wedi'i dorri'n fân
dyrnaid o bersli wedi'i dorri'n fân
halen Môn a phupur du

Dull

Toddi'r menyn mewn padell a ffrio'r winwns a'r garlleg nes
eu bod yn feddal.

Ychwanegu'r mintys a'r persli a'u twymo am ychydig, yna
ychwanegu'r ffrwythau sych.

Cymysgu'r briwsion bara i mewn i'r gymysgedd, yna'r
darnau mango.

Cynhesu am ryw 2–3 munud, ac ychwanegu'r halen a
phupur i flasu.

I weini – gadael i'r stwffin oeri. Mae'n addas ar gyfer
stwffio cyw iâr, neu ar yr ochr gyda darnau o borc.

saws afal a sbeis

900g/2 bwys o afalau bwyta a'r croen
   wedi'i dynnu i ffwrdd

450g/1 pwys o winwns wedi'u torri'n fân

250ml/8¾ owns hylifol o finegr seidr

200g/7¼ owns o siwgr brown meddal

150g/5¼ owns o resins

50g/2 owns o fenyn i ffrio

2–3 clof o arlleg

2 lwy de o bowdr sinsir

2 lwy de o halen

1 lemwn, gan gynnwys y croen

1 llwy de o sbeis cymysg

hanner llwy de o bupur cayenne

hanner llwy de o chillis sych

Dull

Toddi'r menyn mewn padell a ffrio'r winwns a'r garlleg nes eu bod yn feddal.

Ychwanegu'r sinsir, y sbeis cymysg, y pupur cayenne a'r chillis a'u cymysgu'n dda.

Yna, ychwanegu'r siwgr brown, y finegr seidr, y resins a'r halen a'i droi'n dda.

Yn olaf, cymysgu'r afal, y croen lemwn a'r darnau lemwn gyda'r cynhwysion eraill a gadael i'r cyfan ffrwtian am 1 awr ar wres isel.

Gadael i'r saws oeri cyn ei weini.

relish tomato a choriander

1 tun o domatos wedi'u torri'n fân
1 dyrnaid o goriander ffres
3 chlof o arlleg
sudd 2 leim
1 llwy fwrdd o sôs coch
1 winwnsyn coch wedi'i dorri'n giwbiau
1 darn 2.5cm/1" o sinsir wedi'i blicio
1 llwy de o gwmin
halen Môn a phupur du

Dull

Rhoi'r coriander, garlleg, sinsir, sudd y leim, winwnsyn, cwmin, sôs coch a'r halen a phupur mewn prosesydd bwyd a'u chwalu'n ddarnau mân.

I orffen, arllwys y tomatos ar ben y cyfan a chymysgu'n dda cyn ei weini.

relish iogwrt a chilli

1 twb o iogwrt Groegaidd
4 chilli poeth wedi'u torri'n fân
2 lwy fwrdd o fêl Cymreig
dyrnaid o fintys ffres wedi'i dorri'n fân
halen Môn a phupur du

Dull

Cymysgu'r holl gynhwysion mewn powlen a gadael i'r gymysgedd sefyll am awr cyn ei defnyddio.

Ychwanegu mwy neu lai o chillis yn ôl eich dant. Os ydych yn penderfynu defnyddio llai o chillis, yna fe ddylech hefyd ddefnyddio llai o fêl.

Mae'r ddau relish yma'n mynd yn dda gyda chig oen a chyw iâr, byrgers llysieuol, brechdan gaws dda – unrhyw beth sydd angen ychydig o wmff!

cig

porc mewn saws marsala

Digon i 2 berson

450g/1 pwys o ffiled o borc Cymreig

425ml/ 15 owns hylifol o stoc cyw iâr

150g/5 owns o flawd plaen

100ml/3 owns hylifol o win Marsala sych

3 llwy fwrdd o fenyn

3 llwy fwrdd o olew olewydd

1 pen o ffenigl (fennel) wedi'i sleisio'n fân

1 pupur coch

1 courgette wedi'i sleisio'n drwchus ar ongl

halen Môn a phupur du

Dull

Torri'r ffiled o borc yn ddarnau trwchus a'u curo'n fflat rhwng haenau o clingffilm.

Gorchuddio'r darnau porc mewn blawd, pupur a halen, ac yna eu coginio mewn menyn mewn padell ffrio boeth.

Eu rhoi i'r naill ochr a'u cadw'n dwym.

Yn yr un badell, ychwanegu ychydig o fenyn (os oes angen) a choginio'r ffenigl am ychydig funudau.

Ychwanegu'r gwin Marsala, a chymysgu'r cyfan yn dda cyn ychwanegu'r stoc. Dewch ag e i'r berw a gadael iddo leihau.

I rostio'r pupur coch, torri'r pupur yn chwarteri, gosod y chwarteri mewn powlen a'u brwsio gydag olew olewydd.

Rhoi'r pupur coch o dan gril twym nes i'r croen droi'n ddu, yna eu gorchuddio â chlingffilm a'u gadael i sefyll er mwyn gwneud y croen yn haws i'w dynnu.

Coginio'r courgette mewn menyn wedi'i doddi hyd nes ei fod yn frown golau, ac yna ychwanegu gweddill y stoc, y pupur coch, halen a phupur a gadael iddo ffrwtian.

I weini – gweini'r porc ar blatiau twym gyda'r llysiau a'r saws Marsala.

ffiled o gig eidion mewn saws wisgi gyda thatws newydd

Digon i 6 pherson

1.35kg/3 phwys o gig syrlwyn eidion Cymreig

1.1 litr/2 beint o stoc cig eidion

175ml/6 owns hylifol o hufen dwbl

75g/3 owns o fenyn

3 sialót wedi'u torri'n fân

1 llwy fwrdd o olew olewydd

2 jòch da o wisgi Cymreig

1–2 llwy de o fwstard cyflawn

halen Môn a phupur du

cig

Y tatws

1.35kg/3 phwys o datws newydd

6 llwy fwrdd o olew olewydd

1 bwlb garlleg cyfan wedi'i wahanu'n glofau

1 fresychen

halen Môn a phupur du

Dull

Taenu halen a phupur dros y cig. Rhwbio ychydig o olew dros y cig a'i selio mewn padell ffrio dros wres uchel nes ei fod yn frown.

Coginio yn y ffwrn ar 200°C/Nwy 6 am 15 munud i bob pwys a 15 munud ychwanegol.

Toddi'r menyn mewn sosban a ffrio'r sialóts nes eu bod yn feddal.

Arllwys y wisgi i mewn i'r badell ffrio, a'i fflamio. Byddwch yn ofalus iawn wrth wneud hyn (peidiwch â defnyddio gormod o wisgi, neu bydd y fflam yn rhy gryf!).

Ychwanegu'r stoc, ei ferwi, ac yna'i leihau.

Ychwanegu'r hufen a'r mwstard a choginio nes bod y saws wedi tewhau.

Gadael i'r cig orffwys am ychydig cyn ei dorri'n sleisiau tenau neu drwchus yn ôl eich dant.

Y tatws – twymo'r olew mewn tun rhostio. Ychwanegu'r tatws, y garlleg a phinsied da o halen a phupur du.

Eu rhostio yn y ffwrn ar 200°C/Nwy 6 am tua 15–20 munud.

Torri'r fresychen yn fân a'i choginio mewn menyn poeth am ddwy funud.

I weini – ychwanegu halen a phupur a gweini'r llysiau gyda'r cig a'r saws.

pasteiod stêc a chwrw

Digon i 6–8 pherson
450g/1 pwys o gig eidion wedi'i giwbio*
570ml/1 peint o stoc cig eidion
hanner potel o gwrw Brains SA
1 llwy fwrdd o olew olewydd
1 llwy fwrdd o purée tomato
2 llwy de o fwstard Saesnig
1 winwnsyn wedi'i dorri'n fân
1 pecyn o does crwst pwff
1 wy wedi'i guro
blawd plaen i rolio'r toes
halen Môn a phupur du

Dull
Rhoi halen a phupur dros y cig.

Mewn padell fawr, ffrio'r cig yn yr olew nes ei fod yn frown.

Tynnu'r cig o'r badell a'i adael i orffwys.

Yn yr un badell, ffrio'r winwns nes eu bod yn feddal, yna ychwanegu'r purée tomato a'r mwstard a'u cymysgu'n dda.

Ychwanegu'r cwrw a'r stoc a'i adael i leihau am ychydig, yna rhoi'r cig yn y badell a'i fudferwi am ryw awr nes bod y cig yn dyner.

Pwysig! Dylid gadael i'r gymysgedd oeri cyn llenwi'r toes.
Rholio'r crwst yn haenau tenau. Torri cylchoedd o does allan o'r haenau a'u gosod mewn tun pobi pastai bach, gan gadw digon o does ar gyfer y caeadau.

Llenwi'r toes gyda'r gymysgedd gig. Brwsio'r wy dros y caeadau a'u gosod ar ben y pastai.

Gwneud tyllau bach yn y caeadau a'u pobi ar 200°C/Nwy 6 am 20 munud.

* Bydd amser coginio'r cig yn dibynnu ar ba fath o gig rydych chi'n ei brynu. Gorau i gyd yw'r ansawdd, lleia o amser mae'n ei gymryd.

stecen cig oen
a stwffin bara lawr

Digon i 4 person

4 stecen o goes cig oen Cymreig

3 llwy fwrdd o wirod eirin duon bach (damson liqueur)

croen a sudd 1 lemwn

1 llwy fwrdd o olew olewydd

menyn ar gyfer ffrio

Y stwffin

1 winwnsyn wedi'i dorri'n fân

dyrnaid o bersli ffres wedi'i dorri'n fân

dyrnaid o saets ffres wedi'i dorri'n fân

2 glof o arlleg wedi'u torri'n fân

hanner torth fach wedi'i briwsioni

1 wy wedi'i guro

1 llwy fwrdd o fara lawr ffres

4 llwy fwrdd o geirch

halen Môn a phupur du

Y saws

6 o eirin duon bach heb eu cerrig

2 wydraid o win coch

2 lwy fwrdd o finegr balsamig

15ml/½ owns hylifol o hufen sengl

Dull

Tynnu'r asgwrn allan o bob stecen. Rhoi pinsied da o halen a phupur drostynt a gadael i'r cig fwydo dros nos yn y gwirod, y sudd a chroen y lemwn.

Cynhesu'r olew a'r menyn mewn padell ffrio a choginio'r cig am 3–4 munud i'w selio.

Ei osod i'r naill ochr mewn tun rhostio gan gadw'r sudd yn y badell ffrio ar gyfer y saws.

Y stwffin – mewn powlen fawr, cymysgu'r winwns, y persli a'r saets cyn ychwanegu'r briwsion bara, y garlleg a'r bara lawr.

Ychwanegu'r wy a'r halen a phupur a chymysgu'r cyfan yn dda.

Siapio'r stwffin yn beli bach a'u rholio mewn ceirch.

Gosod y peli stwffin yn y twll yn y cig lle bu'r esgyrn a'u pobi ar wres 180°C/Nwy 4 am 15–20 munud.

Y saws – yn y badell ffrio lle bu'r cig, twymo'r gwin, yr eirin duon bach a'r finegr balsamig a'u gadael i leihau cyn ychwanegu'r hufen.

I weini – gyda'r saws, a llysiau ffres o'ch dewis.

chilli

Digon i 8–10 person

1.35kg/3 phwys o gig eidion Cymreig wedi'i giwbio

500g/1 pwys 2 owns o datws newydd Sir Benfro amrwd wedi'u haneru

2 dun o domatos wedi'u torri'n fân

2 dun mawr o ffa coch (kidney beans)

4 chilli coch wedi'u torri'n fân a'r hadau wedi'u diosg

4 clof o arlleg wedi'u malu

2 winwnsyn wedi'u torri'n giwbiau

2 giwb stoc cig eidion

1 llwy fwrdd o purée tomato

2 lwy de o paprika

2 lwy de o bowdr cwmin

1 litr/2 beint o ddŵr

2 lwy fwrdd o bowdr chilli

2 lwy fwrdd o siwgr brown

olew olewydd, sudd hanner leim, halen Môn a phupur du

Dull

Mewn sosban fawr, brownio'r cig yn yr olew.

Ychwanegu pinsied o bupur du, y paprika, y powdr chilli a'r ciwbiau stoc a'u cymysgu'n dda.

Troi'r winwns a'r garlleg i mewn a'u coginio nes eu bod yn frown.

Cymysgu'r purée i mewn i'r gymysgedd a choginio am ychydig funudau.

Ychwanegu'r siwgr, y tomatos, y chillis, y dŵr a'r cwmin.

Cymysgu'r cyfan a gadael iddo ffrwtian ar wres cymhedrol am awr.

Ychwanegu'r tatws a'r ffa.

Mudferwi'r cyfan am 30 munud.

Cyn gweini'r chilli, ychwanegu'r sudd leim.

I weini – gyda reis neu ddarnau o fara ffres, llwyaid o hufen sur a choriander ffres.

stecen cig oen a marinâd

Digon i 4 person
4 stecen cig oen Cymreig

Y marinâd
3 chlof o arlleg
2 winwnsyn wedi'u torri'n giwbiau
1 llwy fwrdd o finegr balsamig
1 pot o iogwrt plaen
1 llwy de o bowdr chilli
sudd hanner lemwn
hanner llwy de o goriander
hanner llwy de o bowdr sinsir
hanner llwy de o bowdr cwmin
hanner llwy de o bowdr turmeric
pinsied da o halen Môn

Dull
Rhoi'r cynhwysion i gyd mewn prosesydd bwyd a'u chwyrlïo nes eu bod yn llyfn.

Arllwys y marinâd dros y cig a gadael iddo sefyll dros nos.

Cynhesu gril neu farbeciw a choginio'r cig yn ofalus, heb ei losgi, am tua 8 munud bob ochor (yn ôl maint y stecen a'ch chwaeth).

cig oen preselau

Digon i 4–6 person
ysgwydd o gig oen Preselau, heb yr asgwrn, wedi'i thorri'n bedwar darn
2 lwy de o paprika
1 llwy fwrdd o olew olewydd
pinsied da o hadau cwmin
5 clof o arlleg wedi'u sleisio'n denau

Y saws
1.1 litr/2 beint o stoc cig oen poeth
3 darn o helogan (seleri) wedi'i sleisio
3 moronen wedi'u torri'n fân
1 llwy fwrdd o olew olewydd
1 winwnsyn wedi'i dorri'n fân
2 lwy fwrdd o purée tomato
dyrnaid o goriander ffres wedi'i dorri'n fân
hanner potel o win coch da, croen hanner lemwn

Dull
Rhoi halen, pupur a phaprika ar y cig. Mewn padell ffrio, selio'r cig yn yr olew ac ychwanegu halen a phupur, yr hadau cwmin a'r garlleg a'u brownio.

Gosod y cig i'r naill ochr i sefyll.

Y saws – yn ôl at y badell ffrio – cymysgu'r purée tomato gyda'r darnau bach o gig sy'n weddill yng ngwaelod y badell, yna ychwanegu'r gwin a'i leihau, yna'r stoc, a'i adael i ffrwtian am ryw 5 munud.

Cymysgu'r coriander a'r croen lemwn i mewn i'r saws.

Mewn padell ddofn, meddalu'r llysiau mewn olew a gadael iddynt chwysu dan gaead am ryw 3–4 munud.

Rhoi'r darnau o gig oen ar ben y llysiau ac arllwys y saws dros y cyfan. Coginio mewn ffwrn (160°C/Nwy 2) am 2 awr.

Ar ôl i'r cig goginio, hylifo'r llysiau i greu saws llyfn.

I weini – gyda llysiau o'ch dewis.

caserol selsig a ffa

Digon i 8 person
900g/2 bwys o selsig porc ffres (2 y person)
1 tun o ffa canellini
1 tun o ffa gwynion (butter beans)
1 tun o ffa borlotti
1 tun o domatos
1 botel o win coch da
570ml/1 peint o stoc porc neu gyw iâr
225g/½ pwys o fricyll sych (apricots) wedi'u torri'n fân
2–4 chilli bach coch wedi'u torri'n fân
3 chlof o arlleg wedi'u malu
2 goesyn o helogan (seleri) wedi'u torri'n fân
1 llwy fwrdd o purée tomato
2 afal bwyta wedi'u plicio a'u torri'n ddarnau bras
1 winwnsyn wedi'i sleisio'n denau
dyrnaid o rosmari ffres wedi'i dorri'n fân
2 lwy fwrdd o olew olewydd
halen Môn a phupur du

Dull

Mewn padell ffrio, ffrio'r selsig nes eu bod yn frown. Eu gosod o'r neilltu.

Yn yr un badell, ffrio'r winwns, y garlleg, yr helogan a'r purée a'u brownio am ychydig funudau. Ychwanegu halen a phupur i flasu.

Ychwanegu'r gwin, y rhosmari a'r chillis a'i leihau i ffurfio saws trwchus.

Trosglwyddo'r cyfan i sosban fawr ac ychwanegu'r tomatos, yr afalau, y stoc, y ffa a'r bricyll a'u cymysgu'n dda.

Rhoi'r selsig yn ôl yn y sosban a chymysgu'r cyfan yn dda.

Ychwanegu halen a phupur i flasu.

Coginio'n araf dan gaead am awr i awr a hanner.

I weini – yn dwym gyda thatws stwns.

torth o gig hela

Digon i 4–6 person

1 dorth wen gron

2 frest gŵydd

2 ddarn o gyw iâr

3 madarchen fawr

3 darn o gig moch

1 winwnsyn coch wedi'i sleisio'n denau

1 pupur coch ac 1 pupur melyn wedi'u rhostio a'r crwyn wedi'u tynnu

1 genhinen fach wedi'i stemio

4 llwy fwrdd o olew olewydd

sudd 1 lemwn, pinsied o siwgr, dail basil, halen Môn a phupur du

Dull

Torri'r darn top oddi ar y dorth a'i osod i'r naill ochr. Yn ofalus, gan osgoi creu tyllau yn y crwst, tynnu'r bara meddal o ganol y dorth.

Twymo'r olew mewn padell fawr. Rhoi halen a phupur ar y cyw iâr a'r ŵydd a'u coginio am ryw 8–10 munud. Peidiwch â'u gorgoginio.

Eu gosod i'r naill ochr, gan gadw'r sudd yn y badell. Yn yr un badell coginio'r cig moch a'r winwns.

Ychwanegu mwy o olew i'r badell a choginio'r madarch am ryw 8 munud, yna ychwanegu'r sudd lemwn, y siwgr, a'r halen a phupur. Cadw'r sudd.

I adeiladu'r dorth, gosod darn o gyw iâr, darn o gig moch a brest gŵydd i mewn yn y dorth. Yna rhoi darn o bupur coch, darn o bupur melyn, winwns, cennin ac un fadarchen i mewn ynddi.

Dechrau eto gyda'r cig i wneud haenen arall nes bod y dorth yn llawn.

Arllwys y sudd o'r badell dros gynnwys y dorth cyn rhoi'r clawr bara am ei phen.

Ei lapio mewn ffoil a'i gadael yn yr oergell dros nos gyda digon o bwysau ar ei phen (rwy'n defnyddio 2 garton o sudd oren fel pwysau).

I weini – tynnu'r ffoil a thorri'r dorth yn ddarnau bras, gyda salad ffres.

teisen cig oen a thatws

Digon i 8 person

ysgwydd o gig oen Cymreig, tua 2.5–3kg/6 pwys

2kg/4 pwys 6 owns o datws Maris Piper wedi'u plicio a'u sleisio'n denau

200ml/7 owns hylifol o stoc cyw iâr

100ml/3½ owns hylifol o win gwyn

25g/1 owns o bersli wedi'i dorri'n fân

6 sbrigyn o rosmari, 3 yn gyfan, 3 wedi'u torri'n fân

1 neu 2 fwlb o arlleg

olew olewydd

menyn Llangadog

halen Môn a phupur du

Dull

Twymo tun rhostio gydag ychydig o olew olewydd ynddo.

Rhwbio'r cig oen gyda garlleg a digon o halen a phupur.

Selio'r cig yn y tun nes ei fod yn lliw brown golau.

Ychwanegu'r gwin a rhyw 3 neu 4 darn o rosmari.

Gorchuddio'r cig â ffoil. Coginio yn y ffwrn ar 140°C–150°C/Nwy 2 am tua 6 awr.

Pan fydd y cig yn barod, bydd yn dod oddi ar yr asgwrn yn rhwydd. Cadw'r sudd sy'n weddill yn y tun pobi i wneud stoc.

Pan fydd y cig yn oer, ei dynnu oddi ar yr asgwrn a'i wahanu'n ddau bentwr.

(Os oes unrhyw gig dros ben gyda chi, e.e. o ginio dydd Sul, gallwch ddefnyddio hwnnw, ac unrhyw fath arall, e.e. cyw iâr neu dwrci).

Rhwbio garlleg dros ddysgl ffwrn fas â chaead arni, rhyw 5cm/2" o ddyfnder.

Gosod haenau o datws yng ngwaelod y ddysgl nes ei gorchuddio.

Ychwanegu halen a phupur ac ychydig o rosmari a phersli dros y tatws.

Gosod hanner y cig dros y tatws i ffurfio haenen tua 1.25cm/½" o drwch.

Gwneud yr un peth unwaith yn rhagor.

Yn olaf, rhoi dwy haenen o datws ar ben y cig a mwy o halen, pupur, persli a rhosmari.

Arllwys y stoc dros y cyfan a gadael iddo suddo i mewn i'r deisen. Rhoi caead ar ben y cyfan a phobi'r deisen yn y ffwrn ar wres 180°C/Nwy 4 am tua awr a chwarter.

Gadael i'r deisen oeri cyn ei gosod yn yr oergell, gyda phwysau ar ei phen, am o leiaf 8 awr.

I weini – taenu ychydig o fenyn ac olew olewydd dros y deisen a'i thwymo mewn ffwrn boeth am ryw 20–25 munud nes bydd y tatws wedi brownio.

caserol cig oen thai gyda thwmplenni coriander a leim

Digon i 4 person

1.1kg/2¾ pwys o ddarnau mawr o gig oen

2 dun mawr o laeth cnau coco

2 lwy de o olew llysiau

2 winwnsyn wedi'u torri'n giwbiau

4 clof o arlleg

3 phupur coch wedi'u torri'n giwbiau

1 darn 2.5cm/1" o sinsir ffres wedi'i dorri'n fân

1 coesyn o lemon grass wedi'i falu

2 chilli coch poeth wedi'u torri'n fân

50g/2 owns o siwgr palmwydd neu siwgr brown

1.1 litr/2 beint o stoc cig oen

2 lwy fwrdd o saws pysgod Thai (nam pla)

croen 1 oren

2 lwy fwrdd o purée tomato

bwnsied o goriander ffres wedi'i dorri'n fân

Twmplenni Coriander a Leim

275g/10 owns o flawd plaen

110g/4 owns o siwed

croen 2 leim

bwnsied o goriander wedi'i dorri'n fân

hanner winwnsyn wedi'i dorri'n fân

125ml/¼ peint o laeth

1 wy wedi'i guro

halen Môn a phupur du

Dull

Cynhesu'r olew mewn dysgl gaserol fawr.

Rhwbio'r cig â halen a phupur a'i frownio fesul ychydig ddarnau yn y badell.

Gosod y cig o'r neilltu.

Yn yr un badell, coginio'r winwns a'r garlleg am ryw ddwy funud cyn ychwanegu'r pupur coch, y sinsir, y lemon grass a'r chilli a'u brownio am ychydig. Yna, ychwanegu'r stoc, y nam pla, y purée tomato, y siwgr a chroen yr oren a'r darnau o gig oen a'u cymysgu'n dda.

Eu rhoi yn ffwrn ar 180°C/Nwy 4 am awr a hanner.

Y twmplenni – i wneud y twmplenni, cymysgu'r siwed, y blawd, yr halen a phupur, yr winwnsyn, croen y leim a'r coriander gyda'i gilydd mewn powlen fawr. Yna ychwanegu'r wy a'r llaeth. Cymysgu gyda'i gilydd a'u siapio'n beli maint pêl golff.

Ar ôl awr a hanner o goginio, tynnu'r caserol o'r ffwrn; ychwanegu'r llaeth cnau coco a'i fudferwi dros y gwres am 10–15 munud nes iddo dewhau.

Rhoi hanner y coriander a'r twmplenni yn y caserol a'u dychwelyd i'r ffwrn am 20 munud arall.

I weini – gyda choriander ffres.

porc mewn saws medd
gyda chacennau saets a mêl

Digon i 2 berson
2 olwyth o borc
70ml/½ owns hylifol o fedd
70ml/½ owns hylifol o stoc porc
50g/2 owns o fenyn
8–10 o fadarch gwyn wedi'u torri'n fân
1 sialót wedi'i dorri'n fân
2 lwy fwrdd o hufen curo
hanner llwy de o paprika, halen Môn a phupur du

Y cacennau
hanner winwnsyn wedi'i dorri'n fân
1 clof o arlleg wedi'i dorri'n fân
bwnsied o bersli ffres wedi'i dorri'n fân
2 lwy fwrdd o ddail saets wedi'u torri'n fân
hanner torth fach wen wedi'i briwsioni
1 llwyaid o fêl Cymreig
50g/2 owns o fenyn wedi'i doddi
halen Môn a phupur du

Dull
Rhwbio'r paprika, a'r halen a phupur i mewn i'r cig.

Cynhesu padell ffrio a thoddi hanner y menyn. Coginio'r cig ar y ddwy ochr nes ei fod yn frown. Ychwanegu'r sialót a'i goginio nes ei fod yn feddal cyn ychwanegu'r madarch a'u brownio'n ysgafn.

Arllwys y medd a'r stoc dros y cyfan a'i fudferwi gan ei leihau i hanner y maint gwreiddiol. I orffen y saws, ychwanegu'r hufen a'i dwymo trwyddo gyda'r menyn sydd dros ben.

Y cacennau – cymysgu'r cynhwysion i gyd gyda'i gilydd mewn powlen i greu toes ysgafn.

Siapio'r toes yn beli bach a'u coginio mewn padell ffrio neu yn y ffwrn nes eu bod yn frown.

cyw iâr

cyrri cyw iâr oer

Digon i 4–6 person

Y stoc

1 cyw iâr cyfan

1 winwnsyn wedi'i dorri'n giwbiau

1 coesyn o helogan (seleri) wedi'i sleisio

1 foronen wedi'i sleisio

2 lwy de o bowdr cwmin

1 ddeilen lawryf (bayleaf)

halen Môn a phupur du

blawd plaen i dewhau

Y cyrri

2 chilli coch

2 glof o arlleg wedi'u sleisio

1 llwy ffwrdd o olew sesame

1 winwnsyn wedi'i dorri'n fân

1 jar bach o mayonnaise

1 darn 2.5cm/1" o goesyn sinsir wedi'i blicio a'i dorri'n fân

hanner tun o laeth cnau coco

pâst cyrri gwyrdd

hanner llwy fwrdd o saws pysgod Thai (nam pla)

1 bwnsied o goriander ffres

croen 1 oren

Dull

Y stoc – mewn sosban fawr o ddŵr, berwi'r cyw, yr winwnsyn, yr helogan, y foronen, y powdr cwmin, y ddeilen lawryf a halen a phupur.

Gadael iddo ffrwtian am ryw awr a hanner nes bod y cyw wedi coginio.

Tynnu'r cyw iâr o'r sosban a gadael iddo oeri.

Chwyrlïo'r hylif nes ei fod yn llyfn; ychwanegu blawd a dŵr i'w dewhau a gadael i'r stoc oeri.

Y cyrri – cynhesu'r olew a ffrio'r winwnsyn nes ei fod yn feddal. Ychwanegu'r garlleg, y sinsir a'r chilli a choginio am ryw 3–5 munud.

Ychwanegu'r saws pysgod a'r pâst cyrri a'i droi'n dda cyn ychwanegu'r llaeth cnau coco. Berwi'r cyfan a'i leihau nes ei fod yn drwchus. Gadael iddo oeri.

Tynnu'r esgyrn oddi ar y cyw a thorri'r cig yn ddarnau hawdd-i'w-bwyta.

Trosglwyddo cymysgedd y cyrri i fowlen gymysgu fawr ac ychwanegu'r coriander, y mayonnaise, y stoc, croen yr oren a'r cyw iâr a chymysgu'r cyfan yn dda.

I weini – yn oer.

peli cyw iâr mewn saws tomato

Digon i 4–6 person

Y cyw iâr
450g/1 pwys o gyw iâr wedi'i finsio
1 winwnsyn wedi'i dorri'n fân iawn
2 lwy fwrdd o purée tomato
olew olewydd
1 wy wedi'i guro
sprigyn da o saets
blawd plaen i rolio'r peli

Y saws
570ml/1 peint o stoc cyw iâr
1 winwnsyn wedi'i dorri'n fân
2 lwy fwrdd o purée tomato
1 tun o domatos
olew olewydd

Dull
Y saws – mewn padell ffrio ddofn neu sosban, ffrio'r winwnsyn yn yr olew, yna ychwanegu'r purée a'i frownio.

Arllwys y stoc a'r tomatos i'r badell a gadael iddo leihau am ryw 5–10 munud.

Y cyw iâr – ffrio'r cyw iâr yn yr olew a gadael iddo oeri.

Mewn powlen fawr, cymysgu'r cyw iâr gyda'r winwns, yr halen a phupur a'r saets. Ychwanegu'r wy i glymu'r cyfan at ei gilydd.

Cymysgu'n dda cyn ei siapio'n beli bychain a'u rholio mewn ychydig o flawd.

Ffrio'r peli cyw iâr nes eu bod yn frown.

Rhoi'r peli cyw iâr yn y saws tomato a'u mudferwi am 5 munud.

I weini – gyda mynydd o datws stwns neu basta.

cyrri cyw iâr

Digon i 4 person
4 darn o gyw iâr wedi'u torri'n stribedi

Y marinâd
275ml/½ peint o iogwrt
50g/2 owns o purée tomato
25g/1 owns o bâst Madras
3 chlof o arlleg wedi'u malu'n bâst
1 llwy fwrdd o olew olewydd
2 chilli gwyrdd wedi'u torri'n fân
sudd 2 lemwn
1 llwy de o bowdr sinsir
1 llwy de o bowdr cwmin
1 llwy de o bowdr coriander
dyrnaid o goriander ffres wedi'i dorri'n fân
dyrnaid o fintys ffres wedi'i dorri'n fân

Y saws
1 tun 350g/12 owns o domatos wedi'u malu
275ml/½ peint o ddŵr
4 chilli coch wedi'u torri'n fân
3 chlof o arlleg wedi'u malu
1 llwy fwrdd o olew
1–2 llwy de o siwgr
1 darn 2.5cm/1" o sinsir ffres wedi'i blicio a'i falu'n bâst
1 llwy de o bowdr chilli
1 llwy de o chillis sych
2 lwy fwrdd o purée tomato
1 llwy de o turmeric
1 llwy de o bowdr coriander
1 llwy de o garam masala
1 llwy de o bowdr cwmin
2 lwy fwrdd o bâst Madras

Dull

Cymysgu holl gynhwysion y marinâd mewn powlen.

Rhoi'r cig yn y marinâd a'i adael yn yr oergell dros nos.

Twymo ychydig o olew mewn padell ffrio a choginio'r darnau o gig (gallech hefyd ei goginio o dan gril poeth neu ar farbeciw).

Gallwch fwyta'r cyw iâr gyda salad heb y saws cyrri.

Y saws – mewn sosban neu badell ffrio ddofn, twymo'r olew. Ychwanegu'r pâst Madras, y garlleg a'r sinsir a'u twymo cyn ychwanegu'r powdwr chilli a'r chillis sych a choginio'r cyfan am ryw 2 funud.

Ychwanegu'r purée tomato, turmeric, coriander, garam masala a'r cwmin, a choginio ar wres isel am 5 munud. Gofal – mae'n hawdd ei losgi!

Ychwanegu'r tomatos, y dŵr, y siwgr, y chillis a llwyaid o bâst Madras a mudferwi'r cyfan ar wres isel iawn am awr.

Ychwanegu'r cyw iâr at y sosban rhyw 5 munud cyn iddo orffen coginio er mwyn ei dwymo trwyddo.

I weini – gyda reis.

cyw iâr a couscous

Digon i 4 person
2 frest cyw iâr wedi'u torri'n stribedi
275ml/½ peint o stoc cyw iâr twym
250g/9 owns o couscous
1 llwy fwrdd o olew sesame
2 glof o arlleg wedi'u torri'n fân
1 pupur melyn ac 1 pupur coch heb eu hadau wedi'u torri'n fras
1 winwnsyn coch wedi'i dorri'n fân
1 courgette heb ei hadau wedi'i dorri'n fân
1 pecyn 200g/7 owns o domatos bach wedi'u haneru
1 darn 2.5cm/1" o sinsir wedi'i dorri'n fân
dyrnaid o basil ffres wedi'i dorri
dyrnaid o bersli ffres wedi'i dorri
croen hanner lemwn
olew olewydd
halen Môn a phupur du

Dull
Rhoi'r couscous mewn powlen fawr.

Ychwanegu'r stoc – digon i orchuddio'r couscous – a gadael iddo amsugno am tua chwarter awr. Unwaith y bydd y stoc wedi cael ei amsugno, ychwanegu dwy lwy fwrdd o olew olewydd a chymysgu'n dda.

Mewn padell ffrio, twymo olew sesame a 2 lwy fwrdd o olew olewydd yna ffrio'r winwns, 1 clof o arlleg a'r sinsir.

Ychwanegu'r pupur coch, y pupur melyn a'r courgette at yr winwns a ffrio am 2–3 munud.

Mewn padell ffrio arall, twymo'r 1 llwy fwrdd o olew olewydd, yna ffrio'r cyw iâr a'r garlleg.

Ychwanegu'r cyw iâr a'r llysiau at y couscous, yna'r basil, y persli, y tomatos a chroen y lemwn.

Cymysgu'r cyfan yn dda cyn ychwanegu halen a phupur.

I weini – yn dwym neu'n oer.

cyw iâr gyda leim a sinsir

Digon i 4–6 person
cyw iâr (yn pwyso 1.35–2.25kg/3–5 pwys)
winwnsyn wedi'i dorri yn ei hanner
2 leim
1 clof o arlleg wedi'i dorri'n sleisiau tenau
1 darn 5cm/2" o sinsir ffres wedi'i blicio a'i sleisio'n denau
2 lwy fwrdd o olew olewydd neu fenyn
halen Môn a phupur du

Dull
Cyn paratoi'r cyw iâr, twymo'r ffwrn i 160°C/Nwy 2.

Gyda chyllell finiog, torri i mewn i'r cig tua 1.25cm/1½" o ddyfnder, 6 toriad ar bob ochor o'r frest, a 4 toriad ym mhob coes.

Gan ddefnyddio pliciwr llysiau, tynnu'r croen oddi ar un leim.

Gwthio darnau o arlleg, sinsir a chroen y leim i mewn i'r toriadau yn y cig.

Gwasgu sudd y ddau leim dros y cig.

Rhoi'r cig mewn tun pobi a gwthio'r winwnsyn, gweddill y sinsir, y garlleg a'r leim i mewn i gorff y cyw iâr.

Rhwbio'r olew neu'r menyn dros y cyw iâr cyn rhoi halen a phupur dros y cyfan.

Coginio yn y ffwrn am 20 munud y pwys ac 20 munud yn ychwanegol.

I weini – yn dwym neu'n oer.

salad cyw iâr, tatws a pesto

Digon i 4 person
500g/1 pwys 2 owns o datws newydd heb eu plicio
110g/4 owns o ddail pigoglys (spinach)
3 brest o gyw iâr heb y croen, wedi'u coginio a'u torri'n ddarnau bras
3 llwy fwrdd o olew olewydd
1 llwy fwrdd o pesto
sudd 1 lemwn
halen Môn a phupur du

Dull
Berwi'r tatws mewn dŵr hallt am chwarter awr.

Arllwys y dŵr a rhoi'r tatws yn ôl yn y sosban.

Eu malu â fforc.

Ychwanegu'r darnau o gyw iâr at y tatws ac yna'r dail pigoglys.

Cymysgu'r cyfan yn ara deg gan ddefnyddio llwy fawr neu eich dwylo.

Ychwanegu'r pesto, yr halen a phupur, y sudd lemwn a'r olew.

Cymysgu'r cyfan yn drylwyr fel bod yr holl gynhwysion yn cael blas y sudd.

pasta a reis

ravioli madarch gwyllt

Digon i 4 person

Y pasta
250g/9 owns o flawd plaen
3 melynwy
1 llwy fwrdd o olew olewydd
2 lwy fwrdd o ddŵr
halen

Y llenwad
200g/7 owns o fadarch gwyllt
   wedi'u golchi a'u torri
50g/2 owns o fadarch bach gwyn
25g/1 owns o fenyn
1 sialót wedi'i dorri'n fân
sudd chwarter lemwn
halen Môn a phupur

Y saws
1 sialót wedi'i dorri'n fân
100g/3½ owns o fadarch cyffredin wedi'u torri'n fân
25g/1 owns o fenyn oer
100g/3½ owns o fadarch gwyllt
100ml/3½ owns hylifol o win gwyn sych yr Alsace
500ml/18 owns hylifol o stoc cyw iâr (neu stoc llysiau os ydych yn eu
   paratoi i lysieuwyr)
3 llwy fwrdd o hufen dwbl
25g/¾ owns o fenyn oer
halen Môn a phupur
jòch o sudd lemwn

Dull

Rhoi'r blawd, y melynwy, y dŵr, yr olew a'r halen mewn prosesydd bwyd a phrosesu'r cyfan nes ei fod wedi briwsioni.

Defnyddio'ch llaw i ffurfio'r briwsion yn does llyfn.

Lapio'r toes mewn clingffilm a'i rhoi mewn oergell am 1 awr.

Y llenwad – mewn padell ffrio fawr, ffrio'r sialót mewn menyn am ryw funud, ychwanegu'r madarch a ffrio dros wres uchel, gan gadw'r cyfan yn sych.

Tynnu oddi ar y gwres ac ychwanegu halen, pupur a sudd lemwn i flasu.

Gadael y llenwad i oeri ar ddarn o bapur cegin.

Y saws – coginio'r sialót yn y menyn, gan ofalu peidio â'i frownio. Ychwanegu'r madarch a choginio'n araf ar wres isel am ryw ddwy funud.

Ychwanegu'r gwin a'i leihau. Ychwanegu'r stoc a'i droi, yna arllwys yr hufen i mewn yn araf.

Ychwanegu'r menyn oer, yr halen a phupur ac ychydig o sudd lemwn a'i droi i mewn i'r gymysgedd.

Hidlo'r gymysgedd i greu saws llyfn, cyfoethog a'i osod i'r naill ochr.

Cadw'r madarch a'u cymysgu gyda'r llenwad fel nad ydynt yn cael eu gwastraffu.

Wedi i'r toes oeri, ei roi trwy beiriant rowlio pasta i greu haenen o does tenau a llyfn.

Torri'r pasta yn gylchoedd.

Ychwanegu talp o'r llenwad ar ganol pob cylch, eu plygu a'u selio â dŵr i greu parseli ravioli.

Berwi sosbenaid fawr o ddŵr gydag ychydig o halen ynddo.

Coginio'r ravioli yn y dŵr am 2 funud.

I weini – gosod y parseli ravioli ar wely o bigoglys wedi'i ffrio'n gyflym mewn menyn ac arllwys y saws dros ben y cyfan.

reis saffrwm

Digon i 4 person

200g/7 owns o reis Basmati wedi'i olchi a'i socian mewn dŵr hallt
    am 3 awr

80g/3 owns o fenyn di-halen

5 coden (pod) o gardamom gwyrdd wedi'u torri'n fân

hanner coesyn sinamon

1 clof o arlleg

3 gronyn o bupur du wedi'u torri'n fân

1 llwy fwrdd o gnau pistachio wedi'u torri'n fân

1 llwy fwrdd o resins

1 pinsied da o linynnau saffrwm wedi'u socian mewn 4 llwy fwrdd
    o ddŵr berw

halen Môn

I weini

200g/7 owns o iogwrt Groegaidd

1 clof o arlleg wedi'i falu

halen Môn a phupur du

Dull

Toddi'r menyn mewn sosban fawr. Ychwanegu'r garlleg, y sinamon, y codennau cardamom a'r pupur du a'u ffrio'n araf ar wres isel am tua 4 munud.

Hidlo'r reis Basmati a'i gymysgu gyda'r cynhwysion twym.

Cynyddu'r gwres ac ychwanegu'r cnau pistachio, y rhesins, y saffrwm a'r dŵr a phinsied da o halen.

Arllwys ddigon o ddŵr i'r sosban i orchuddio'r reis.

Gosod darn o bapur 'menyn' dros y reis a chaead ar y sosban.

Dod â'r cyfan i'r berw a'i ffrwtian am 5 munud.

Tynnu'r papur ac arllwys y dŵr saffrwm yn araf dros y reis. Gosod y papur a'r caead yn ôl yn eu lle.

Codi blas iogwrt Groegaidd trwy ychwanegu garlleg, halen a phupur a'i weini gyda'r reis.

spaghetti a chyw iâr all'arrabiata

Digon i 2 berson
2 ddarn o frest cyw iâr wedi'u sleisio
3 llwy fwrdd o olew olewydd
1 winwnsyn wedi'i dorri'n fân
1 clof o arlleg
1 chilli mawr coch wedi'i dorri'n fân
2 chilli bach coch wedi'u torri'n fân
2 lwy fwrdd o purée tomato
1 tun mawr o domatos wedi'u torri
spaghetti (digon i ddau berson)
halen Môn a phupur du

I weini
dail basil
caws Parmesan

Dull
Mewn padell ffrio, cynhesu'r olew a ffrio'r winwns a'r garlleg a'u brownio'n ysgafn.

Ychwanegu'r chilli a'r purée tomato a'u coginio nes bod y gymysgedd yn lliw coch cyfoethog.

Ychwanegu'r tomatos ac ychydig o halen i flasu, a'i adael i leihau am ryw 5 munud.

Coginio'r spaghetti mewn digonedd o ddŵr berw hallt am 8–10 munud.

Mewn padell ffrio arall, twymo olew olewydd a ffrio'r darnau o gyw iâr.

Ychwanegu halen a phupur i flasu.

Ychwanegu'r spaghetti at y cyw iâr, yna'r saws arrabiata, a chymysgu'r cyfan yn dda.

Cymysgu dail basil wedi'u rhwygo'n fân a darnau o gaws Parmesan drwy'r cyfan cyn ei weini.

risotto llysiau'r haf

Digon i 4 person

500g/1 pwys 2 owns o reis arborio

450g/1 pwys o bys ffres

100g/3½ owns o fenyn

100g/3½ owns o gaws Parmesan wedi'i ratio

1.5 litr/2½ peint o stoc llysiau

275ml/½ peint o hufen dwbl

100ml/3½ owns hylifol o win gwyn (heb fod yn rhy sych)

2 sialót wedi'u torri'n fân

1 bwnsied o ferllys (asbaragws)

1 courgette heb ei hadau

1 pecyn o mangetout wedi'u torri'n stribedi tenau

1 bwnsied o bersli ffres wedi'i dorri'n fân

croen a sudd 1 lemwn

halen Môn a phupur du

Dull

Mewn padell ffrio fawr, ffrio'r sialóts mewn menyn.

Ychwanegu'r reis a'i dwymo yn y menyn.

Ychwanegu'r gwin a'i droi cyn ychwanegu'r stoc a throi'r gwres i fyny'n uchel.

Cymysgu'n dda ar ôl ychwanegu'r halen a phupur a'r croen lemwn, a choginio'r reis nes iddo amsugno'r gwin a'r stoc a dechrau tewhau (peidiwch â gor-goginio'r reis).

Ychwanegu'r courgettes, gwaelod y merllys yn unig (a hwnnw wedi'i grafu'n lân a'i dorri'n fân).

Ychwanegu'r hufen, y caws a'r mangetout cyn ychwanegu pennau'r merllys, y pys ffres, sudd y lemwn a'r persli.

Twymo'r cyfan am ryw funud cyn gweini.

tiwna a phasta pob

Digon i 4–6 person
1 winwnsyn wedi'i dorri'n fân
2 foronen wedi'u sleisio'n denau
hanner brocoli wedi'i rannu'n flodau
6 madarchen wedi'u sleisio'n denau
1 tun mawr o diwna
30g/1 owns o pasta o'ch dewis wedi'i goginio
30g/1 owns o friwsion bara ffres
halen Môn a phupur du

Y saws béchamel
570ml/1 peint o laeth cyflawn
50g/2 owns o flawd plaen
50g/2 owns o fenyn
50g/2 owns o gaws o'ch dewis wedi'i ratio
pinsied o nytmeg
1 llwy de o bowdr mwstard Seisnig

Dull
Mewn sosban dros wres cymedrol, toddi'r menyn a chymysgu'r blawd
i mewn iddo.

Ychwanegu'r llaeth yn raddol a chymysgu nes ei fod yn llyfn.

Ychwanegu'r caws, y nytmeg, y powdr mwstard a'r halen a phupur i flasu.

Mewn dysgl lasagne, gosod haen o'r winwns, moron, brocoli a madarch.

Ychwanegu'r tiwna a'r pasta.

Arllwys y saws gwyn dros ei ben a sgeintio briwsion bara dros y cyfan.

Pobi yn y ffwrn ar 180°C/Nwy 4 am hanner awr nes ei fod yn frown.

I weini – gyda llysiau o'ch dewis.

salad
gwenith bwlgar

Digon i 4 person

350g/12 owns o wenith Bwlgar

225g/½ pwys o bys ffres wedi'u coginio

425ml/¾ peint o stoc cyw iâr twym

2 winwnsyn coch wedi'u torri'n fân

2 clof o arlleg wedi'u torri'n fân

1 chilli coch wedi'i dorri'n fân

2 lwy fwrdd o fêl

2 lwy fwrdd o olew olewydd

croen 1 leim

dyrnaid o shibwns wedi'u torri'n fân

dyrnaid o fintys wedi'i dorri'n fân

halen Môn a phupur du

Dull

Rhoi'r gwenith mewn powlen gymysgu fawr ac ychwanegu digon o stoc i'w orchuddio.

Gadael iddo sefyll am tua 15–20 munud nes bod y gwenith wedi amsugno'r stoc.

Cynhesu'r olew mewn padell ac ychwanegu'r winwns, y garlleg a'r chilli.

Ffrio'r cyfan am ychydig funudau nes eu bod yn feddal.

Ychwanegu'r mêl, croen y leim, y shibwns, y pys, a'r halen a phupur, a chymysgu'r cyfan yn dda.

Trosglwyddo'r cynhwysion twym at y gwenith cyn ychwanegu'r dail mintys.

I weini – yn dwym neu'n oer.

pasta tiwna niçoise

Digon i 4 person
350g/12 owns o pasta
2 lwy fwrdd o olew olewydd
hanner llwy fwrdd o sudd lemwn
hanner llwy fwrdd o finegr gwin gwyn
300g/10 owns o domatos bach wedi'u haneru
50g/2 owns o ansiofis mewn tun, heb y sudd ac wedi'u torri
200g/7 owns o diwna mewn tun mewn olew, heb y sudd ac wedi'i
    dorri'n ddarnau
dyrnaid o basil wedi'i dorri'n fân
dyrnaid o bersli wedi'i dorri'n fân
halen Môn a phupur du

Dull
Coginio'r pasta mewn sosban o ddŵr berwedig hallt am ryw 10–12 munud
neu yn ôl y cyfarwyddiadau.

Mewn padell ffrio, twymo'r olew, yna'r sudd lemwn a'r finegr, ac ychwanegu'r
tomatos a'r ansiofis. Rhoi caead ar y badell a thwymo'r cyfan trwyddo hyd
nes bydd y tomatos yn dechrau meddalu.

Hidlo'r pasta a'i roi'n ôl yn y sosban.

Ychwanegu'r tiwna at y pasta, yna'r saws tomato, y perlysiau a'r halen a
phupur i flasu.

Gweini ar unwaith.

llysiau

ratatouille

Digon i 4–6 person

8 tomato ffres

6 shibwnsyn (spring onions) wedi'u torri'n fân

3 courgette

2 glof o arlleg

1 llwy fwrdd o purée tomato

2 lwy fwrdd o olew olewydd

1 winwnsyn wedi'i dorri'n fân

1 planhigyn wy (aubergine)

1 pupur coch wedi'i dorri'n giwbiau

1 pupur melyn wedi'i dorri'n giwbiau

1 bwnsied o goriander wedi'i dorri'n fân

halen Môn a phupur du

Dull

Mewn padell ffrio fawr, ffrio'r winwns a'r garlleg yn yr olew am 3–4 munud i'w meddalu.

Torri'r planhigyn wy yn chwarteri ar ei hyd; tynnu'r hadau o'r canol a'i dorri'n giwbiau.

Torri'r courgettes yn yr un modd a'u hychwanegu at y badell ffrio.

Ychwanegu'r halen a'r pupur a'r purée tomato a'u brownio.

Ychwanegu'r puprod a choginio'r cyfan gyda'i gilydd am 3–4 munud pellach.

Tynnu croen y tomatos a'u torri'n fras.

Rhoi'r tomatos mewn powlen fawr, ac ychwanegu'r cynhwysion twym o'r badell ffrio ynghyd â'r shibwns a'r coriander.

Gallwch ychwanegu ychydig o finegr balsamic yn ôl eich dant.

Cymysgu'r cyfan yn dda cyn ei weini.

I weini – yn dwym neu'n oer.

tatws dauphinoise sir benfro

Digon i 4–6 person
450g/1 pwys o datws newydd Sir Benfro
1 winwnsyn wedi'i sleisio
menyn Cymru i ffrio
2 glof o arlleg
1 genhinen wedi'i thorri'n fân
570ml/1 peint o hufen dwbl
1 cosyn Camembert wedi'i dorri'n dafelli
1 bwnsied o bersli ffres
halen Môn a phupur du

Dull
Berwi'r tatws a'u gadael i oeri cyn eu malu â'ch dwylo.

Mewn padell ffrio, cynhesu'r menyn a meddalu'r winwns a'r garlleg.

Ychwanegu'r hufen a chynhesu'r gymysgedd ychydig.

Ychwanegu'r tatws at yr hufen a'u twymo drwyddynt.

Mewn padell ffrio, ffrio'r genhinen mewn menyn ac ychydig o bupur du i flasu.

Taenu haen o'r gymysgedd winwns, tatws a hufen yng ngwaelod dysgl sy'n addas i'r ffwrn am yn ail gyda haen o'r cennin a chaws.

Ailadrodd y broses nes bod y cynhwysion i gyd wedi eu defnyddio.

Taenu ychydig o bersli dros ben y cyfan.

Pobi yn y ffwrn am 20 munud ar 180–200°C/Nwy 5.

tatws triongl twym

Digon i 4 person
8–12 o datws gwyn wedi'u glanhau ac yn eu crwyn
1 llwy fwrdd o olew olewydd
1 llwy de o paprika (twym)
1 llwy de o berlysiau cymysg sych
halen Môn a phupur du

Dull
Torri'r tatws ar eu hyd yn chwarteri yn siapiau triongl hir, a'u gosod mewn tun pobi.

Arllwys cawod o olew olewydd dros y tatws, yna sgeintio'r paprika, y perlysiau a phinsied da o halen a phupur drostynt.

Coginio mewn ffwrn ar 200°C/Nwy 6 am 15–20 munud nes fod y tatws yn grimp.

cacennau tatws, caws a chennin

Digon i 4 person

700g/1½ pwys o datws Desirée, King Edward neu Maris Piper

olew olewydd

50g/2 owns o fenyn Cymru

100g/3½ owns o gaws Emmenthal wedi'i ratio

50g/2 owns o gaws Gorgonzola wedi'i dorri'n ddarnau

2 genhinen wedi'u torri'n fân

3 melynwy

halen Môn a phupur du

Dull

Plicio a berwi'r tatws a'u malu'n stwns.

Mewn padell ffrio, toddi ychydig o'r menyn a ffrio'r cennin yn ysgafn gyda phupur du.

Mewn powlen, cymysgu'r tatws stwns, y cennin, y cawsiau, ychydig mwy o fenyn, pupur a halen a'r melynwy.

Cymysgu'r cyfan yn dda a'u siapio'n gacennau.

Twymo olew olewydd mewn padell ffrio a ffrio'r cacennau ar y ddwy ochor nes eu bod yn grimp.

ffa a phwdin gwaed

Digon i 4 person

500g/1 pwys 2 owns o ffa ffres wedi'u plisgo

200g/7 owns o bwdin gwaed wedi'i dorri'n ddarnau 1–2cm o drwch

100ml/3 owns hylifol o stoc cyw iâr

3 llwy fwrdd o olew olewydd

2 clof o arlleg wedi'u sleisio'n fân

dyrnaid o fintys ffres wedi'i dorri'n fras

hanner llwy de o hadau ffenigl (fennel)

halen Môn a phupur du

Dull

Mewn padell ffrio, twymo'r olew a ffrio'r pwdin gwaed nes ei fod yn frown ar y ddwy ochr.

Ei osod i'r naill ochr. Yn yr un badell, ffrio'r garlleg a'r hadau ffenigl i'w brownio ychydig gan ofalu peidio â'u llosgi.

Ychwanegu'r ffa, pinsied o bupur, y stoc a'r mintys, a choginio'r cyfan am ryw 3–4 munud nes bydd y ffa wedi coginio.

Rhoi'r pwdin gwaed yn ôl yn y badell ar ben y ffa a thwymo dan gaead am 5 munud.

Gweini ar unwaith.

tomatos bach rhost

450g/1 pwys o domatos bach
½ litr/17½ owns hylifol o olew olewydd
2 winwnsyn wedi'u sleisio'n denau
1 clof o arlleg
1 bwnsied o deim ffres
2 lwy fwrdd o halen môr
pupur du

Dull
Mewn padell ffrio, twymo olew a choginio'r winwns a'r garlleg nes eu bod yn feddal.

Ychwanegu'r tomatos yn gyfan, ynghyd â'r teim, a'u rhostio yn y ffwrn ar 200°C/Nwy 6 am 20 munud (gan gadw'r tomatos yn gyfan).

Gadael i'r tomatos oeri yn yr olew cyn arllwys y cyfan i jar fawr a'u cadw yn yr oergell.

rholiau asbaragws

Digon i 4–6 person
1 bwnsied o ferllys (asparagws) ffres
4–6 tafell o ham Caerfyrddin neu ham Parma
4 llwy fwrdd o olew cnau Ffrengig (walnut)
1 llwy fwrdd o finegr balsamig
halen Môn a phupur du

Dull

Plygu'r merllys rhyw fodfedd o'r gwaelod er mwyn ei dorri (bydd hyn yn cael gwared â'r darn gwydn). Dim ond y darnau top fydd angen eu defnyddio (cadwch y gwaelodion ar gyfer cawl).

Coginio'r merllys mewn dŵr hallt am ryw 4 munud. Gadael iddo oeri.

Torri darnau o ham a lapio darn o amgylch pob coesyn merllys.

I wneud y saws, rhoi'r olew, y finegr, a'r halen a phupur gyda'i gilydd mewn potyn â chaead arno (pot jam neu debyg) ac ysgwyd y cyfan yn dda.

I weini – arllwys y saws dros y merllys.

bwyd
llysieuol

bruschetta eidalaidd

Digon i 8 person
1 dorth o fara Ffrengig
olew olewydd
8 tomato ffres heb eu hadau ac wedi'u torri'n fân
dyrnaid o ddail basil ffres wedi'u torri'n fân
1 winwnsyn coch wedi'i dorri'n fân
2–3 clof o arlleg wedi'u torri'n fân
sudd 1 lemwn
1 pecyn o gaws Mozzarella wedi'i dorri'n 8 sleisen
halen Môn a phupur du

Dull
Torri'r bara'n sleisiau trwchus yna eu sgeintio ag olew, halen a phupur.

Pobi'r bara yn y ffwrn ar wres uchel am 10 munud.

Mewn powlen gymysgu fawr, cymysgu'r tomatos, yr winwns, y garlleg, y basil, y sudd lemwn, llwyaid o olew, a'r halen a phupur.

Taenu'r gymysgedd dros y bara a gosod sleisen o gaws Mozzarella ar ben pob un.

Gosod y bara yn y ffwrn neu o dan gril twym i doddi'r caws.

I weini – yn dwym.

muska boreau

Digon i 4–6 person
1 pecyn 200g/7 owns o gaws feta wedi'i friwsioni
1 pecyn o does ffilo
1 pccyn o bigoglys (spinach)
dyrnaid o ddil ffres wedi'i dorri'n fân
menyn wedi'i doddi
olew olewydd
blawd plaen i rolio'r toes
halen Môn a phupur du

Dull
Mewn padell, coginio'r pigoglys dan gaead mewn ychydig o olew, halen a phupur am ryw 2 funud.

Mewn powlen, cymysgu'r caws, y dil a'r halen a phupur.

Taenu ychydig o fenyn wedi'i doddi dros ddalen o does ffilo cyn gosod dalen arall drosti. Rhoi llwyaid dda o'r gymysgedd ar bob dalen a phlygu'r ddalen mewn siâp triongl.

Pobi yn y ffwrn ar wres 160°C/Nwy 2 am 8–10 munud nes ei fod yn frown golau.

soufflé caws glas

Digon i 4 person

20g/1 owns o fenyn

20g/1 owns o flawd plaen

20g/1 owns o gaws Dolcelatte, wedi'i dorri'n bedwar darn

50ml/2 owns hylifol o laeth

30g/1½ owns o gaws Camembert

pinsied o halen

pinsied o bupur cayenne

pinsied o bupur du

1 melynwy

3 gwynwy

sudd chwarter lemwn

I iro'r dysglau ramekin

menyn

12g/½ owns o friwsion bara

4g/¼ owns o gnau cyll (hazel) wedi'u malu

Dull

Gwneud saws béchamel (gw. t. 84). Ychwanegu'r Camembert ato. Cymysgu'n dda nes bydd y caws wedi toddi i greu saws llyfn.

Gadael iddo oeri ychydig.

Yna ychwanegu'r melynwy, y pupur cayenne a'r halen a phupur a'i gymysgu'n dda.

Iro dysglau ramekins â menyn, ac yna ychwanegu'r cnau a'r briwsion bara.

Curo'r gwynwy gyda sudd lemwn hyd nes bydd y gwynwy'n sefyll yn gadarn.

Llenwi rhyw ddwy ran o dair o'r dysglau ramekin gyda'r gymysgedd. Ychwanegu darn o gaws Dolcelatte ac yna'i orchuddio gyda gweddill y gymysgedd.

Leinio 'bain-marie' addas gyda phapur ac ychwanegu dŵr i ddyfnder o ryw 1cm. Gosod y ramekins yn y tun, dod â'r dŵr i'r berw ac yna rhoi'r cyfan yn y ffwrn i bobi ar wres 220°C/Nwy 7 am 10 munud.

Yn ofalus, tynnu'r soufflés o'r dysglau ramekin.

Gallwch gadw'r soufflés am ychydig oriau. I'w hail-bobi, eu rhoi nhw mewn ffwrn dwym iawn (220°C/Nwy 7) am ryw 5 munud.

welsh rarebit
gyda gellyg wedi'u potsio

Digon i 6 person

450g/1 pwys o gaws Cheddar cryf wedi'i ratio

40ml/1 owns hylifol o gwrw tywyll

2 binsied o paprika

1 wy mawr

1 llwy de o fwstard poeth

1 llwy de o saws Caerwrangon (Worcester sauce)

Y gellyg

6 gellygen heb eu crwyn

1 botel o win coch

1 coden (pod) fanila wedi'i agor

2 seren anis (star anise)

croen hanner oren

4 llwy fwrdd o siwgr brown meddal

1 chilli coch poeth wedi'i haneru

Dull

Mewn powlen fawr cymysgu'r caws, yr wy, y mwstard, y saws Caerwrangon, y paprika a'r cwrw gyda'i gilydd yn dda.

Gadael i sefyll yn yr oergell am awr.

Mewn sosban, dod â'r gwin coch, y goden fanila, y seren anis, croen yr oren a'r siwgr i'r berw. Rhoi'r gellyg yn y sosban a gadael i'r cyfan ffrwtian ar wres isel am ryw 40 munud. Bydd y gellyg wedi meddalu ychydig wrth goginio.

Gadael i'r cyfan oeri ac yna ei roi yn yr oergell.

Yn ofalus, torri'r gellyg yn eu hanner ar eu hyd a thynnu'r hadau allan o'r canol i greu pant.

Eu llenwi â llwyaid dda o'r gymysgedd gaws.

Eu rhoi o dan y gril ar wres cymedrol i doddi a brownio'r caws a thwymo'r gellyg.

crempogau bara lawr, ricotta a phigoglys (spinach)

Digon i 4 person

Y crempogau
100g/4 owns o flawd plaen
50g/2 owns o fara lawr
10g/½ owns o fenyn wedi'i doddi
275ml/½ peint o laeth
1 wy mawr
pinsied o halen

Y llenwad
450g/1 pwys o bigoglys (spinach) ifanc
150g/5 owns o gaws ricotta
50g/2 owns o gaws Parmesan
50g/2 owns o fenyn
1 wy mawr
1 clof o arlleg wedi'i falu
hanner llwy de o nytmeg ffres wedi'i ratio
croen hanner lemwn
halen Môn a phupur

Y saws tomato
50g/2 owns o fenyn
2 glof o arlleg wedi'u torri'n fân
2 lwy fwrdd o purée tomato
gwydraid o win gwyn
hanner winwnsyn wedi'i dorri'n fân
halen Môn a phupur du

crempogau bara lawr, ricotta a phigoglys (spinach)

Dull

Paratoi'r saws béchamel o flaen llaw (gw. t. 84 am y rysáit).

Y crempogau – cymysgu'r wyau a'r llaeth gyda'i gilydd. Hidlo'r blawd a'r halen i mewn i'r gymysgedd. Yn raddol, ychwanegu'r llaeth a'r wyau gan guro'n dda rhag i lympiau ffurfio.

Cymysgu'r bara lawr i mewn i'r gymysgedd cyn ychwanegu'r menyn.

Gadael i'r cyfan sefyll yn yr oergell am awr.

Y llenwad – toddi'r menyn a choginio'r garlleg nes ei fod yn frown golau. Ychwanegu'r pigoglys a'i goginio am 1–2 funud. Arllwys yr hylif o'r sosban. Gadael i'r gymysgedd oeri ar blât.

Mewn powlen, cymysgu'r caws ricotta, yr wy, y caws Parmesan, y nytmeg, croen y lemwn a'r pigoglys ac ychwanegu halen a phupur yn ôl y gofyn.

Y saws – ffrio'r winwns a'r garlleg yn y menyn.

Yna ychwanegu'r purée tomato a'i goginio am ryw 2 funud.

Ychwanegu'r gwin a lleihau'r saws cyn ychwanegu'r tomatos, a'r halen a phupur a'i goginio am hanner awr ar wres isel.

Coginio'r crempogau ar y ddwy ochor mewn padell nes eu bod yn frown golau.

Rhoi dwy lwy fwrdd o'r llenwad caws ar ganol pob crempog a phlygu'r ochrau i wneud parsel caëedig, gan ofalu na fydd y llenwad yn dod allan.

Gosod y cyfan mewn dysgl addas i'r ffwrn. Arllwys y saws tomato dros y crempogau, ac yna'r saws béchamel.

I orffen, sgeintio ychydig o gaws Parmesan dros y crempogau a'u pobi yn y ffwrn ar 180°C/Nwy 4 am 20 munud.

tartennau bach tomato ac olif

Digon i 4–6 person
1 pecyn o does crwst pwff
olew olewydd
10 tomato ffres – plwm neu winwydd – wedi'u torri'n 8 darn yr un
2 winwnsyn wedi'u sleisio'n denau
4 clof o arlleg wedi'u torri'n fân
2 lwy fwrdd o purée tomato
20 o olifau du
1 bwnsied o fasil ffres
175g/6 owns o gaws Gruyère neu Emmenthal wedi'i ratio

Dull
Rholio'r toes yn denau a thorri 4–6 cylch, tipyn o faint (defnyddio clawr sosban fechan). Gadael i'r toes orffwys cyn ei ddefnyddio.

Cynhesu'r olew mewn padell ffrio a choginio'r winwns a'r garlleg am ddwy funud. Ychwanegu'r purée tomato a'u coginio am ddwy funud arall.

Ychwanegu'r tomatos, pinsied o halen a phupur a gadael i'r cyfan oeri (efallai y bydd angen pinsied o siwgr i wella blas y tomatos).

Gwasgaru'r gymysgedd tomatos dros bob un o'r cylchoedd. Rhannu'r olifau a'r dail basil rhyngddynt cyn gorchuddio'r cyfan â'r caws.

Pobi yn y ffwrn am ryw 10–15 munud ar 180°C/Nwy 4 nes i'r caws doddi a'r toes godi.

pwdinau

pwdinau

banana, rỳm a iogwrt

Digon i 4 person
50g/2 owns o fenyn
6 banana wedi'u torri ar ongl
1 llwy fwrdd o siwgr brown
jòch dda o rỳm
croen 1 lemwn

I weini
hufen neu iogwrt Groegaidd

Dull
Ioddi'r menyn mewn padell ffrio neu badell fawr a choginio'r darnau banana yn ysgafn.

Toddi'r siwgr, cyn ychwanegu jòch dda o rỳm a'i fflamio.

Ychwanegu'r croen lemwn.

I weini – gyda hufen neu iogwrt Groegaidd.

pwdin bara brith

Digon i 6–8 person
1 dorth o fara brith wedi'i thorri'n 12 tafell
50g/2 owns o fenyn di-halen

Y cwstard
8 melynwy
175g/6 owns o siwgr caster
1 coden (pod) fanila
300ml/½ peint o laeth cyflawn
300ml/½ peint o hufen dwbl Rachel's Dairy

Dull
Rhoi un dafell o fara brith heb fenyn i'r naill ochr (neu stribedi o'r bara brith os am wneud pwdinau unigol).

Taenu menyn dros weddill y tafelli, eu torri yn eu hanner a'u gosod yn daclus mewn dysgl fas neu ddysglau ramekin unigol.

Mewn powlen, curo'r melynwy'n ffyrnig ac ychwanegu'r siwgr fesul tipyn.

Mewn sosban, mudferwi'r llaeth, yr hufen a'r goden fanila a gadael i'r gymysgedd oeri.

Arllwys y cyfan trwy ridyll gan barhau i gymysgu'n ffyrnig i ffurfio cwstard.

Arllwys y gymysgedd gwstard dros ben y bara brith gan lenwi'r ddysgl/dysglau. Yna gosod y dafell/stribedi o fara brith heb fenyn ar y top.

Coginio'n araf mewn tun rhostio hanner llawn o ddŵr (bain-marie) ar 160°C/Nwy 2 am 30–45 munud.

I weini – gyda siwgr eisin wedi'i sgeintio drosto.

basged 'snap brandi' a hufen iâ

Digon i 6 person
125g/4½ owns o fenyn
125g/4½ owns o siwgr brown ysgafn
125g/4½ owns o driog euraid
125g/4½ owns o flawd plaen
4 llwy de o sudd lemwn
1 llwy de o bowdwr sinsir
hufen iâ o'ch dewis
ffrwythau'r haf
mintys ffres i addurno

Dull
Mewn sosban, toddi'r menyn, y siwgr a'r triog a chymysgu'r cyfan yn hylif trwchus, llyfn.

Mewn powlen, hidlo'r blawd ac ychwanegu'r sinsir. Ychwanegu'r gymysgedd drlog o'r sosban a'i droi'n egnïol i mewn i'r blawd.

Iro tun pobi a gosod y gymysgedd arno mewn talpau a'u pobi yn y ffwrn ar 190°C/Nwy 5 am 8–10 munud.

Siapio'r cylch brandi dros fowlen a'i phen i lawr i greu siâp basged, a gadael iddi oeri a chaledu.

I weini – llenwi'r fasged frandi â pheli o hufen iâ, a'u haddurno â ffrwythau ffres a coulis lliwgar.

treiffl limoncello a iogwrt

Digon i 6–8 person
450g/1 pwys o fafon ffres
3 pot o iogwrt Limoncello a Lemon (Llaeth y Llan)
1 llwy fwrdd o jam mafon
1 bocs o fysedd sbwng wedi'u haneru
sieri Amontillado
gwirod Limoncello

I addurno
hufen dwbl
mintys ffres
mafon ffres

Dull
Mewn hylifydd bychan, chwyrlïo'r mafon ffres a'r jam i greu coulis.

Mewn dysgl dreiffl fawr, adeiladu haenau o sbwng, coulis a jòch reit dda o sieri, haenen arall o sbwng a jòch o wirod Limoncello. Taenu digon o iogwrt dros y gymysgedd ac ychydig o fafon ffres.

Cario ymlaen i adeiladu haen ar ben haen nes llenwi'r ddysgl.

Addurno top y treiffl â hufen wedi'i guro ac ychydig o fafon ffres a mintys.

I weini – gadael i'r treiffl oeri'n dda.

fflapjac datys a siocled

I wneud 25 fflapjac
350g/12 owns o ddatys
150g/5 owns o siwgr brown
150g/5 owns o fargarîn
175g/6 owns o greision ŷd
200g/7 owns o siocled wedi'i doddi

Dull
Toddi'r margarîn mewn sosban gyda'r datys a'r siwgr.

Gadael i'r gymysgedd dorri i lawr wrth goginio am ychydig.

Ychwanegu'r creision ŷd at y gymysgedd.

Toddi'r siocled.

Rhoi'r gymysgedd boeth mewn tun wedi'i iro'n dda a thaenu'r siocled wedi'i doddi drosto.

Torri'n 25 bys cyn iddo oeri.

granola

Digon i 8 person

6 chwpanaid o geirch (sy'n coginio'n gyflym)

1 cwpanaid o blu cnau coco

hanner cwpanaid o fywyn gwenith

hanner cwpanaid o almwnau a chnau cymysg wedi'u malu'n fân

hanner cwpanaid o hadau blodau haul

hanner cwpanaid o resins

⅓ – ⅔ cwpanaid o fêl

⅓ cwpanaid o hadau sesame

⅓ cwpanaid o olew blodau haul

⅓ cwpanaid o sudd afal neu oren

Dull

Mewn powlen fawr, cymysgu'r holl gynhwysion gyda'i gilydd heblaw am
y rhesins.

Coginio mewn ffwrn feicrodon ar wres uchel am 13–15 munud, gan ei droi o
bryd i'w gilydd.

Ychwanegu'r rhesins am y funud olaf o goginio, a chymysgu'n dda.

Gadael i'r cyfan oeri cyn ei storio mewn bocs aer-dynn.

I weini – gyda ffrwythau ffres, compôte ffrwythau neu iogwrt naturiol.

pwdin taffi sticlyd

175g/6 owns o ddatys
175g/6 owns o siwgr mân
175g/6 owns o flawd codi
50g/2 owns o fenyn di-halen
275ml/½ peint o ddŵr
2 wy wedi'u curo
2 ddiferyn o rinflas (essence) fanila
1 llwy de o feicarbonad soda

Y saws
300ml/½ peint o hufen dwbl
50g/2 owns o siwgr Demerara
2 lwy de o driog du

Dull
Paratoi tun torth 450g/1 pwys wedi'i leinio â clingffilm.

Berwi'r datys yn y dŵr am ryw ddwy funud, yna ychwanegu'r soda.

Mewn prosesydd bwyd, cymysgu'r wyau, y menyn a'r siwgr cyn ychwanegu'r blawd a'r rhinflas.

Arllwys y gymysgedd i'r tun a'i bobi yn y ffwrn ar 180°C/Nwy 4 am 35–40 munud.

Y saws – mewn sosban, berwi'r hufen, y siwgr a'r triog gyda'i gilydd nes i'r siwgr doddi a chreu saws llyfn.

I weini – y pwdin yn dwym gyda'r saws.

pwdin afal a meringue

Digon i 6 pherson

8 afal bwyta wedi'u plicio a'u haneru, a'u hadau wedi'u tynnu

50g/2 owns o fenyn

50g/2 owns o siwgr brown

100ml/3 owns hylifol o sudd afal

sudd 2 leim

croen 1 leim

hanner pecyn o fisgedi Digestive wedi'u malu'n friwsion

chwarter llwy de o bowdr sinamon

Y meringue

6 llwy fwrdd o siwgr mân

3 gwynwy

1 llwy de o sudd lemwn

Dull

Cynhesu padell ffrio a thoddi'r menyn.

Coginio'r afalau am 5–10 munud nes iddynt ddechrau brownio.

Arllwys y siwgr i'r badell ffrio a'i doddi.

Ychwanegu'r sudd afal, croen a sudd y leim, a'r sinamon a gadael i'r cyfan ffrwtian am ryw 3–4 munud.

Y meringue – curo'r gwynwyau mewn prosesydd bwyd, gan ychwanegu'r sudd lemwn a'i gymysgu nes iddo dewhau digon i sefyll yn bigau.

Ychwanegu'r siwgr mewn 3 cham a'i gymysgu'n dda bob tro. Fe fydd y gwynwy nawr yn drwchus.

Trosglwyddo'r gymysgedd afal i waelod powlen bobi addas. Gwasgaru'r briwsion bisgedi dros yr afalau ac yna'r gymysgedd meringue.

Pobi ar 220°C/Nwy 7 nes bydd y top yn grimp ac yn frown golau.

terrine o ffrwythau'r haf

Digon i 8–10 person

Y jeli
7 deilen o jélatin
500ml/18 owns hylifol o sudd oren ffres
120g/4½ owns o siwgr mân
2 lwy fwrdd o Cointreau (dewisol)
1 llond llaw o fintys ffres wedi'i dorri'n fân

Y ffrwythau
650g/1½ pwys o ffrwythau cymysg o'ch dewis, e.e. mefus, mafon, ceirios,
darnau o binafal ffres

Dull
Gwneud y jeli yn gyntaf. Meddalu'r dail jélatin mewn dŵr oer.

Dod â'r sudd oren a'r siwgr mân i'r berw, yna ei dynnu oddi ar y gwres.
Ychwanegu'r jélatin a'r Cointreau (os yn ei ddefnyddio). Cymysgu am ryw
hanner munud ac yna ei hidlo.

Gosod haenen denau o jeli – tua chwarter modfedd o drwch – mewn dysgl
terrine, gan orchuddio'r gwaelod ag ychydig o fintys. Gadael iddo sefyll yn yr
oergell am ryw 20 munud.

Cadw gweddill y jeli yn yr oergell hefyd.

Pan fydd yr haenen gyntaf wedi setio, cymysgu'r ffrwythau gyda'i gilydd gan
ofalu peidio â'u malu, ac yna eu rhoi ar ben y jeli. Eu gwasgu i lawr ychydig
fel nad oes gormod o le rhyngddynt.

Arllwys gweddill y jeli dros y ffrwythau ac ychydig o fintys. Gorchuddio'r
terrine gyda clingffilm a'i gadael yn yr oergell dros nos, neu am o leiaf 12 awr.

Rhoi'r terrine mewn powlen llawn dŵr poeth am ychydig o eiliadau. Gyda
chyllell finiog, gynnes, torri'n araf deg rhwng ochr y powlenni unigol a'r jeli.

I weini – troi'r terrine allan ar blât a'i dorri'n sleisiau, gyda hufen iâ.

orennau mewn cointreau

Digon i 4 person
8 oren mawr

Y saws
400g/14 owns o siwgr mân
180ml/6 owns hylifol o sudd oren
70ml/2½ owns hylifol o ddŵr
50ml/1¾ owns hylifol o Cointreau
croen 2 oren wedi'u torri'n fân
mintys ffres i weini

Dull
Tynnu'r croen oddi ar yr orennau.

Torri'r orennau'n bedair sleisen cylch a'u cadw gyda'i gilydd gyda phren coctêl. Rhoi'r orennau mewn dysgl sy'n ddigon dwfn i ddal yr orennau a'r sudd.

Mewn sosban, twymo'r siwgr gan ddal i'w droi nes bod y siwgr wedi toddi ac yn lliw brown golau.

Tynnu'r sosban oddi ar y gwres, ac ychwanegu'r sudd oren a'r dŵr fesul tipyn.

Rhoi'r sosban yn ôl ar y gwres ac ychwanegu'r Cointreau a chroen yr oren.

Gadael iddo ffrwtian ar wres isel am 5–10 munud.

Gadael iddo oeri cyn ei arllwys dros yr orennau a'i adael yn yr oergell dros nos.

I weini – yn oer gyda darn o fintys ffres i'w addurno.

brownies cnau pecan a siocled

200g/7 owns o siocled plaen da (70% o goco) wedi'i dorri'n sgwariau
165g/5¾ owns o siwgr mân
140g/5 owns o flawd plaen wedi'i hidlo
120g/4 owns o fenyn wedi'i giwbio a'i feddalu
100g/3½ owns o gnau pecan – rhai wedi'u haneru, rhai wedi'u malu
2 wy wedi'u curo
1 llwy de o rinflas (essence) fanila
siwgr eisin i addurno

Dull

Toddi'r menyn a thri chwarter y siocled mewn powlen addas dros sosbenaid o ddŵr poeth (nid dŵr berwedig) a chymysgu'n dda.

Ychwanegu'r siwgr, yr wyau a'r rhinflas a'u chwisgio gyda chwisg trydan i greu cymysgedd llyfn.

Ychwanegu'r blawd at y gymysgedd yn araf deg a gwneud yn siŵr ei fod wedi cymysgu'n dda. Peidiwch â'i or-gymysgu.

Rhoi papur saim mewn tun pobi 20cm/8".

Taenu'r gymysgedd yn y tun.

Gorchuddio'r cnau â'r siocled sydd yn weddill gan wasgu ychydig i mewn i'r gacen.

Pobi yn y ffwrn ar 180°C/Nwy 4 am 17–18 munud.

Bydd yr ochrau'n grimp a'r canol yn feddal iawn. Gadael i'r gymysgedd oeri cyn ei thorri'n 16 sgwâr. Addurno'r sgwariau â siwgr eisin wedi'i sgeintio.

tartenni siocled chwerw

Digon i 6 person (6 tun)
Y llenwad
120g/4½ owns o siocled da (70% o goco) wedi'i dorri'n ddarnau
100g/3½ owns o kumquats wedi'u torri'n denau
100g/3½ owns o siwgr caster
75g/2½ owns o fenyn di-halen wedi'i dorri'n giwbiau
50g/1¾ owns o fêl teim
35g/1¼ owns o flawd
2 wy
3 llwy fwrdd o laeth cyflawn
5 llwy fwrdd o crème fraîche
6 tun tarten 10cm/4" mewn diameter
0.2 litr/7 owns hylifol o ddŵr

Y tartenni toes melys
250g/9 owns blawd plaen
2 felynwy
2 lwy fwrdd o hufen curo
85g/3½ owns siwgr eisin
pinsied o halen
175g/6 owns menyn heb halen wedi'i dorri'n giwbiau

Dull
Y llenwad – mewn sosban, a thros wres isel, berwi'r kumquats, y siwgr a'r dŵr yn araf am tua awr, nes bod y ffrwythau wedi crisialu.

Toddi'r siocled yn araf mewn powlen addas dros sosbenaid o ddŵr poeth (nid berwedig).

Ychwanegu'r llaeth, y crème fraîche a'r menyn at y ffrwythau yn y sosban. Dod â'r cyfan i'r berw a gadael iddo oeri.

Mewn powlen, curo'r wyau cyn ychwanegu'r mêl a'u curo eto. Ychwanegu'r blawd yn araf at y gymysgedd wy a churo nes bod y gymysgedd yn llyfn.

Ychwanegu'r siocled a churo eto.

tarten siocled chwerw

Arllwys y llaeth, y crème fraîche a'r menyn at y siocled. Curo'n dda.

Gadael iddo sefyll am awr yn yr oergell.

Y tartenni toes melys – Hidlo'r blawd i bowlen fawr.

Cymysgu'r menyn i mewn i'r blawd, i greu briwsion mân.

Curo'r melynwy, hufen, siwgwr a'r halen gyda'i gilydd mewn powlen, yna'i arllwys ar ben y blawd a'r menyn.

Cymysgu'r cyfan i greu toes ysgafn. Gweithio ychydig arno cyn lapio'r toes mewn clingffilm a'i roi yn yr oergell am hanner awr. Mae'r toes yma'n frau iawn, felly rhaid cymryd gofal wrth ei drin. Bydd angen tynnu'r toes allan o'r oergell am 15 munud cyn ei ddefnyddio.

Rholio'r toes i drwch o 3mm a leinio'r tuniau non-stick (rhaid iro unrhyw fath arall o dun cyn ei leinio). Torri'r toes sydd yn hongian dros yr ymylon, a'i adael yn yr oergell am hanner awr cyn ei ddefnyddio.

Pobi'r toes yn y ffwrn am 10 munud cyn ei lenwi.

Rhannu'r gymysgedd siocled rhwng y tartenni. Pobi yn y ffwrn ar 180°C/Nwy 4 am 6 i 7 munud (yn ôl eich ffwrn).

Gosod yr haenau kumquat o gylch 6 plât gan ychwanegu ychydig o'r sudd.

Gosod un darten yng nghanol pob plât.

Gweini ar unwaith.

D.S. Dylai canol pob tarten fod yn feddal.